杉本悠翔

飛ぶチカラ

自由のための
インプット／アウトプット入門

敬天舎出版

飛ぶチカラ

自由のためのインプット／アウトプット入門

KASSORO

ぼくらはアホやと思う。
がむしゃらに前に突き進んでる。
毎日、毎時間、毎分、毎秒、必死に頭をひねって、考えて戦って生きている。
それはうまくいってきたし、これからもっとやれると信じている。
夢はある。みんなの夢、それぞれ個々の夢。
全部叶えなければいけないもの。
だけど、世間の基準からしたら将来のあては……？
正直言ってわからない。何も見通しはない。
だから、アホ。
世の中のたいていの大人もそう思っている。
「なにやってんねん、そんなんムリに決まってるやん。まともに生きなあかん！」

そう言われ続けている。
確かに。ごもっとも。逆らう気も反論する気もない。
だけど、どうでもいい。
これはぼくらの人生。
やれること、できないこと、頑張れること、そんなん知るか。
全部自分らでわかってる。
社会のなかのスタンスがどうだとか、他人の役に立ってるかどうかとか、
それはまだまだずっと先へ行った後の評価なんだと思う。
いまはやるだけ、進むだけ。

ぼくらは「KASSORO《滑走路》」。
決まりきった道なんかない。
いくらでもはみ出し、自由にどこまでも広がっていく空へ、
もう、飛び出してしまった。

言葉の力——まえがきにかえて

この本は、「言葉探し」について考えている。

体から音を発して何かを伝える生きものは人類だけではない。鯨やイルカ。あるいはチンパンジー、ゴリラなどの霊長類とかはモロに喋ってそうである。鳥だってそんな感じだ。

ぼくらも、まとまりのない「音」で意思を伝えることがある。家族とか恋人とか毎日顔を合わせる仕事のメンバーとか、気のおけない間柄なら、主語も述語もない言い回しだけで、あるいは単語を発するのみで、なんとなくいろんなことは伝わってしまう。下手するとひとことも発しなくても、お互いがどうしたいのか通じてしまう経験は誰にでもあるんじゃないだろうか。

そういう意思疎通の道具は、今からお話しする中での「言葉」と定義しない。だったらどんなものをそう呼ぶか。

求められるものだ。ではいつ求められるのか。

苦しい時だ。

生きていれば、そのひとが幼稚園の年長組だろうが、百歳のご長寿さんだろうが、困難に直面する。ちょっとしたピンチ。あるいは、もうアカン再起不能！ってめっちゃやられまくる場面。

日々たくさんのひとが壁にぶち当たっている。そして、明日の朝また頑張る勇気を奮い起こしてくれる力を欲している。

そんな時、「言葉」は最大級に威力を発揮する。


この本の第二章ではイスカンダル（アレクサンドロス三世）のことを取り上げる。とっかかりは日本のアニメ「Fate/Zero」だった。有名なアニメだからたくさんのひとが見て知っていると思うが、あのなかでイスカンダルはカッコいい。猛々しく、恐れず前だけを見て進むが、思慮深くもあり、王の中の王、最高のリーダーだと思う。

気に入っているセリフがある。

１０１ページに引用した。古典文学の名作とかじゃなくて、現代の誰かが考えたアニメの登場人物が発した言葉だけれど、ぼくは勇気をもらった。どこからもってきたものだって変わりはない。

夢を持たなきゃ、と思う。誰かから無謀と言われたっていい。自分にとって《現実》なら、そして仲間にとって正しかったら、気にしてはいられない。大きな目標をたてるのだ。その実現のために全身全霊をこめて突っ走ればいい。

目次

Chapter I
挑 戦

——思へば得るあり、学べば為すあり

エピソード1

真夜中

ぼくがその場所を知ったのは、十月の終わりだった。

十八歳、と、十一ヶ月、と、数日。

浪人生。週に三日のアルバイト。

週末の土曜日だった。午後から地元の友人たち五人とカラオケに行って騒いだ。

進学したヤツ、就職したヤツ、浪人。中学を卒業してから四年、ファミレスで、公園で、誰かの家で、集まって何度も顔をあわせている。会えば一瞬でいつものノリにもどる。だが、あそこまで徹底的に遊んだのは久しぶりだった。

歌いまくり、踊り狂った。

それぞれの生きている環境は変わっていくけれど、みんな中身は同じ。バカで楽しくて、いいヤツら。

あの時はわからなかったが、振り返って考えると、あいつら受験勉強で鬱々としているぼくを気遣い、元気づけようとしていたフシがある。ありそうな話。そんな仲間だ。

「オレら、ずっとこんな感じなんだろーなー」

別れぎわにアキラがぽつりと言った。こいつとは小学校からの腐れ縁。うん、そうだな。だって変わりようがないよ、そう思った。

声が枯れるまでわめいて笑って、解散したのはカラオケ店が閉店する午前三時過ぎだった。あそこが二十四時間営業だったら朝までオールになっていただろう。

じつは、週明け月曜日に月一回開催の予備校の校内模試があった。

けど、まあいい。

模試なんて、焦って、たとえば一夜漬けして無理に成績をあげても意味ない。ある時たまたま全国順位が良くたってそれだけのこと。年明けに挑む大学入試にこれっぽっちも有利になるわけではない。自分の現在地を確認できるだけ。そして、それは模試を受けなくてもだいたいわかっている。

ここは横浜駅からほど近い、神奈川県のＪＲ沿線。

駅近くのアーケード商店街を自宅へむかって歩いた。どの店もシャッターを閉め、街灯と自販機があたりを照らしている。

暑くもなく寒くもない。いい気分。小さな声で鼻歌をうたった。真夜中の街にこっそりとぼくの歌が溶けていく。

リラックスしている。なんだか体が軽い。ほんの一瞬かもしれないが、日ごろ重くのしかかっている受験プレッシャーから解放されたみたいだ。

商店街の外れの交差点で立ち止まると、すこしむこうのビルの一階に煌々と灯りが漏れている場所が見えた。

不審に思った。こんな時間になんだ？ コンビニでもないのに？ あそこ何かの店だっけ？ 近づいてみる。答えはすぐにわかった。

古本屋だ。

移り変わりの激しいこの街の商店で、物心ついたころから変わらず営業している店舗のひとつだ。ただし数限りなく何度も店の前を通っていても入ったことはない。

なんとなく、午前中に開いてなくて午後遅い時間からようやく商売をはじめるといったイメージがある。だが、まさかこれほど深夜までやっているとは知らなかった。

ちょっと寄ってみようか。足がそちらへむいた。

「書肆往来」。

看板に、習字のような文字で書いてあった。

初めて店名を知った。十九年同じ街で生きてきて、そんな基本的な知識もなかったのだ。

でも、だから別にどうというわけではない。知っていること以外は知らない。自分に関係ないことはわからないものだ。ファミレスの名前、数軒あるコンビニの違い、ファーストフードのメニュー、いまだに一〇〇円でジュースが買える自販機の場所。そんなものの知識ならたくさんある。だけど、駅前のスナックやバーや不動産屋や、ようするに大人が用事をする場所についてはスルー。目には入っているが単なる景色。この瞬間まで「書肆往来」もそんな風景のひとつだった。

あの時、店をのぞいてみたのには理由があった。気分が浮かれて調子に乗っていたこと以外に。

予備校の先輩、二浪のササキ君から最近聞いた話を思い出したからだ。

《ロールモデルって知ってる？　ビジネス用語なんだけど》

何人かで一緒に昼メシを食べている時の会話。

どういう流れだったのだろう。たしか、勉強をしていて突然何もかもやる気がなくなる時ってあるよね、ああいう場合どうしたらいいんだろう、とか、そんな悩みについて話していたのだと思う。

ササキ君はその手のネタに強い。

浪人も年数を重ねると大人びてくる。中学でも高校でも一年生と二年生では天と地ぐらいの開きがある。ましてや三年生なんて神様だった。

予備校でもそれは同じ。

彼は一浪の自分より世間のことをよく知っているように思える。

《歴史上の偉人でも、現代の天才でもいいんだけど、誰か「惚れたー」っていう人間を見つけて、研究するわけ。で、何かに迷ったりした時にそのひとになったつもりで考えたり行動する。オレが思うに、これの利点って、自分が判断せずにすむことなんじゃないかと思うのね。悩んでる時間って結構ムダじゃん？　何もできないわけだから。なのにオレらってそこそこ忙しいわけで、だったら過去の成功したひとの真似しとけばとりあえずイケちゃうみたいな》

そういうものか、と感心した。

たしかに、受験生同士で悩みをぶつけ合っても解決するわけはない。予備校の先生に聞いたって「やるしかないね」ぐらいしか言わない。そんな時、手本になる人物がいれば心強いのかもしれない。

話を聞いて、やってみようと思った。一瞬、そんな気になった。で、その日のうちに挫折した。

問題はそんな人物をどうやって探すかだ。心当たりがまったくなかった。

ネットで調べる？「ロールモデル　偉人」とか検索して？　そして功績とか生い立ちとか人生哲学を研究するのか？

無理だ。なぜなら、そんなことをするのはたぶん時間がかかるだろうから。こっちは受験生。それだけのヒマがあったら英語の構文の一つでも余分にマスターしたほうがいい。

そう考えて試してもみなかった。

だが、あの夜、目の前に突然あらわれたのは本屋だった。正確には古本屋だけど。読書にあまり縁がないので本屋で何かを調べるだなんて思いつかなかったが、このタイミングにはきっと意味がある。ここでちょっとやってみればいいんじゃないの？「ロールモデル」探しを。

自動ドアを抜け、「書肆往来」に足を踏み入れた。

思ったより店内は広かった。予備校の大教室ぐらいだろうか。

白色の蛍光灯が眩しいぐらい明るい。

高さは天井まで、横幅は五メートルぐらいの本棚が、何列も並んでいる。壁際にはひときわ大きな棚が備えつけられている。

ところどころに案内板があった。「日本文学」「ノンフィクション」「ビジネス」などジャンルで分けられているようだ。

さて、「ロールモデル」。どんなジャンルのどういう人物を探そうか?

消去法で考えた。

小説はないだろう、根拠はないけどなんとなく。科学も哲学も難しそうだから、ない。

政治経済と芸術ならありかもしれないが、後まわし。ビジネス書と自己啓発本も候補に入れておくが、それ以外にもっと近いジャンルがある気がする。

徐々に自分が欲しているものがわかってきた。

《歴史上の偉人とか》

ササキ君が言ったのを思い出した。

そうか。だったら歴史の棚だ。そう決めて棚の間を歩き、「日本史」と書かれた札を見つけた。めっちゃ順調にものごとが運んでいる。今日のオレはいい感じ、そう思った。

書名を見ていく。

よくわからないが、たぶん、人物を見つけるなら、「伝記」とか「○○の名言集」みたいな本があると便利な気がする。

古代から平安時代へ。このへんは歴史の研究といった感じ。「源氏物語」はさすがに別格でいろいろなテーマがあるが、今回はちょっと違うだろう。光源氏を「ロールモデル」にしたらヤバい。

戦国時代は武将ものがずらっと並ぶ。その先は江戸時代から幕末へ。

そして――表紙の真っ黒な本を見つけた。地味だけにかえってめだっている。

書名は『覚悟の磨き方　超訳 吉田松陰』。

くすぐられるタイトルだ。まあ、そういうことだよな、と思った。受験生にぴったりじゃないのか、と。手にとってみる。

吉田松陰なら、日本史で暗記したから名前はわかっている。維新の志士に影響を与えた人物。それ以外に業績何かあったっけ。よくわからない。あ、あとは、あれだな……。

表紙を開こうと指をかけた時、

「うん、そんな選択も悪くないわね」

横から甲高い女の子の声がした。

ビクッとして本を取り落としそうになる。そちらへ顔をむけると、いつの間にかセーラー服を着た小さな少女と、背の高い中年男の二人組が立っていた。

「え、ええと、なに？」

動揺しながら言葉を返した。少女が微笑んで答える。

「だからね、あなたが目的の情報を探す本棚の辿り方、なかなかいいわよって言ってるの。若さの割にはね」

若さの割？　思わず心で反芻してしまった。だって、目の前の少女は紺色の制服姿なのだ。前髪を眉毛のところで一直線に切り揃えている。身長は一五〇センチもないぐらい。よくいって中学一年生ぐらい。どう考えてもこの子のほうがぼくより若い。

そんなツッコミが喉まで出かかったが、すんでのところで言葉を飲み込む。突然、あまり関わるな、と警戒信号が頭の中で鳴り響いたからだ。

こんな夜中に古本屋をウロチョロしている中学生と、その保護者らしきオヤジ。怪しい。何かロクでもないことに巻き込まれたら嫌だ。「ロールモデル」は別の機会にして、ここは逃げよう。

本を棚に返しながら、なるべく優しく聞こえるように言った。

「そうかあ。うん、でもいいや。また今度にするよ」

我ながら意味不明。すると、少女が近づいていきなりぼくの腕をつかんだ。

「えー？　なんで急に。いいじゃん、見ていきなよ。立ち読みならお金はとらないし」

「いや、でも、もう時間遅いし」

「『ロールモデル』はどうするの？　探してるんでしょ」

意外なことを口にした。

「え？　なんで知ってるの、それ？」

ますます気味が悪くなってくる。店に入ったことを後悔しはじめた。

だが、彼女が言うには、

「君ね、店に入った時からブツブツ言い続けて歩き回ってたじゃん。まわりを気にせずに。

こんな客もいない静かな真夜中だよ、耳をすまさなくても筒抜けだって」

とのこと。

恥ずかしくなった。調子に乗りすぎて周りが見えなくなっていたのだろうか。

同時にイラっともする。それならそれで、ほうっておいてくれてもいいではないか。自分ならそうする。なんでわざわざ声をかけてきたのか。

「で、どうなの。吉田松陰は。君の『ロールモデル』っぽいの？」

少女がたたみかけるように問いかけてくる。

「ええとー」

ぼくが言葉につまっていると、苛立った調子で連れの男に話しかけた。

「なんだか『ええと』ばっかりだね、この子は。どう思う、博士？」

容姿のわりに口調が元気のいいおばさんみたいだった。

博士と呼ばれた長身の男が口を開く。

「マコト様、お待ちください。彼はまだその本を開いてもいないのですよ。これから検討するところなのです」

ゆったりとした、ひとを落ち着かせるような口調。親子以上に歳が離れているであろうマコトという少女に、丁寧な言葉で接している。

博士は一九〇センチ、いや、もっとあるだろうか。一七五センチのぼくが見上げるほどだから、けっこうな長身だ。痩せ型。白髪のまじったオールバック。上品なグレーのスリーピースのスーツをきっちりと着こなしている。博士というよりホテルマンか執事といったほうが似合うような。年齢は、見た感じで、うちの親父以上爺ちゃん未満といったところ。五十歳から七十歳ぐらいのどこか。

「そっか。そうだね」

マコトはあっさり納得したようだった。

だが、ぼくを解放してくれる気はないらしい。

「じゃあさ、前言撤回。君は吉田松陰について何を知ってるの？　教えてくれないかな、その本を読む前に」

こちらを見上げ、目を輝かせて尋ねた。

……まあいいか、すこしだけ相手になろう。そう決めた瞬間。

なにもかもがはじまった。

エピソード2

四十八時間

「すげ。なんだ、ここ」

目の前にわっと広がった風景に度肝を抜かれた。

遥か上方へとのびる本棚。見上げていると首が痛くなってくる。
二十、いや、三十メートル？　いったい何千冊、いや何十万冊の本が収蔵されているのだろう。
外から見ると十階建てぐらいのビルの一階部分が古書店「書肆往来」。その上にこれほど巨大な本棚がそびえていた。

街の真ん中にひっそりとこんなものが存在していたのだ。

——正直、吉田松陰についてはほとんど知らない。

深夜の古書店の店内で、少女に問われた時、ぼくはそう答えた。

長州藩。松下村塾。伊藤博文や高杉晋作らが生徒。彼らは明治維新の重要人物であり、政府の要人になった者も数人。教科書からの知識だ。

「それだけ？　ほかには？　なんでもいいんだけど」

マコトという名の少女はさらに問う。

『『銀魂』かな。マンガの」

「ふうん、マンガ。知らないわね。それがなんなの。吉田松陰が出てくるの」

「幕末に似ているような、ＳＦっぽいような世界を舞台にしてて、主人公の『攘夷志士崩れ』の『先生』にあたるひとが吉田松陽っていう名前。すごい無茶苦茶なマンガなんだけど。下ネタだらけで」

「ふうん。それで？」

「坂本龍馬とか桂小五郎、高杉晋作みたいな名前のキャラも登場する。それがなぜか全員、吉田松陽の弟子ですごい慕ってる」

「なるほどね。そして？」

「終わり。あのマンガについてもそれほど詳しいわけじゃないから」

ぼくの答えを聞き、マコトはニヤッとして博士を見上げた。

「彼はなかなかいいと思うわ、私は。どうかな、合格？」

「マコト様がおっしゃるなら。では私から彼に簡単な説明をしましょうか」

「ええ、そうして」

そんな謎のやり取りがあって、博士がぼくにむかって一歩足を出した。スーツの内ポケットから名刺を取り出す。

「私はこういうものです。以後、よろしくお願いいたします」

「あ、ありがとうございます」

名刺。ドキドキした。もらった経験はほとんどない。たしかこういう時の礼儀があったはず。親父が以前「社会に出たらおぼえなきゃいけないことのひとつ」って言っていたのを思い出す。

だが、そんな仕草、急にできるわけもない。相手の差し出す小さな紙をぎこちなく受け取った。

名刺にはこんなことが書かれてあった。

《横浜言霊探偵部
部長代理
ライブラリアン代理
医学博士
八坂　渉　Yasaka Wataru》

「私はこの古本屋の店主であり、そして、建物全体の管理責任者でもあります。また《横浜言霊探偵部》の部員でもあります」

優しく、細く、落ち着いた声。

「じつは、我々《言霊探偵部》はある調査を行なう組織でして、あなたにお声がけしたのはその一環なのです」

とたんに警戒心がふたたび湧きあがってきた。見知らぬヤツが言いだす「調査」と「当選」には気をつけろ、だ。

「え、なんですか。買いませんよ何も、アンケートとか申し込みとかもしない」

予防線を張った。

「ええ、こちらも売りつけるつもりはありません、何も、ね。ご安心ください」

子どもに教え諭すように、言葉を区切って話す。これが博士の癖らしい。

「ただ、ですね。お貸しいただきたいものはあります。それは、あなたの知識と経験、なのです」

「そう。正確にいえば、君が現在持っていない知識と、味わったことのない経験ね。それを提供してちょうだい、ってことなんだけど」

マコトがあとを続けて言う。わけがわからない。持ってないものを貸せと言うのか。あまりに怪しい。やはり早々に立ち去るべきなのでは。警戒心がまたムクムクと湧く。

だが、なぜかぼくの口をついて出たのは、

「それ、ええと。何をするんですか。さっきの『ロールモデル』とか吉田松陰とかと関係あるの?」

そんな言葉だった。興味があったのだろう。浪人生活という、窮屈で変わりばえのしない日常のなかにひょっこりと現れた出来事。もうちょっとのぞいてみたかったのかもしれない。

「そうなのよ！　それ。その『わかってなさ』を貸してほしいの」

マコトが顔をパッと輝かせる。この少女はどうも上からものを言うタイプらしい。大人の真似をしているのだろうか。

博士がぼくを見てうなずいた。

「では、ご協力いただけると考えてよろしいでしょうか」

「とにかく詳しく話を聞いてもいいですか、決めるのはそれからでも」

「結構ですよ。ところで、差し支えなければ、あなたのお名前をお教えいただけますか。問題があるようなら、ニックネームでも構いません」

「私はマコトね。カワダマコト。さんぼんがわの川にたんぼの田に真実の琴」

少女が自らを指さして言った。

ニックネームか。昔からそんなものはない。ずっと名前呼びされてきた。

「ぼくはシンジ、といいます。ヨコタシンジ。横田基地の横田。慎重な司」

「そうですか。ではシンジ様とお呼びしましょう。こんなところでいつまでも立ち話はなんですので、我々の《部室》へおいでください。お座りいただいて落ち着けるスペースがありますので」

どこか違う場所へ誘われているらしい。しかし、今か？　真夜中だぞ？　躊躇したのを見透かしたのか、博士がたたみかける。

「遠くへ行くわけではないですよ。この店の奥なのです。居心地よくつくってあるつもりなのですが」

それにしても……。

「深夜だし、また今度あらためて来るんじゃだめですか」

マコトが会話に割り込む。大きな瞳が三白眼になってこちらを見上げた。

「いいじゃん、君、会社員とかじゃないでしょ。働いてる感じないよね。大学生かな？　だいたいこんな夜中にブツブツ言いながら古本屋で遊んでるぐらいだから暇なんでしょ」

「いや、そういう問題じゃないんだけどな。でもまあ今日は比較的に……」

煮え切らないぼくの言い方にしびれを切らしたのか、マコトが小さな手でぼくの体に触れた。

「面倒くさい子だね。とにかく行ってみようって。きっと気にいるからさ、私たちの《部室》！」

ぐいっと意外な力強さで服をひっぱられる。

そのまま書棚の間の通路をつんのめりながら早歩きで抜け、店の奥へと連れていかれた。

強引な仕草に助けをもとめて博士を振り返ると、もといた場所から動いていない。黙って後ろ手を組み、笑みをうかべ佇んでいる。

「博士……さん。なんとかしてくださいよ」

思わず声をあげると、ゆったりとした動きで長い足を運び、近づいてきた。

「マコト様。そんなに急がなくてもよいのでは？」

「だって」

口をとがらせる。が、それも一瞬のことですぐにイタズラを秘めたような笑顔に戻り、

「その机のうしろ」

シブい茶色に塗られた木製の机の奥を指さした。

机のうえには、ペンや鉛筆や定規などの文具類がキレイに整理整頓して置かれており、端に液晶パネルのついたレジらしきものがある。

博士は「店主」と名乗った。この洗練された机も彼のものなのだろうか。だとすれば、そのスッとした大人の雰囲気にぴったりだった。

机のむこうには椅子が一脚、そのさらに少し奥に、そこらのビルの廊下にあるようなそ

っけない金属の扉が見えた。マコトが先に立ち、ノブをひねって開ける。振り返ってこちらの顔を一瞥すると、むき直り中へ歩み入った。ぼくも仕方なくあとを追う。

そこは階段室になっていた。短い階段をあがるとまた扉。マコトと二人でその前に立つ。

天井の隅から監視カメラが見張っていた。

扉にはノブも手がかりも何もなかった。どうやって開けるのか見ていると、マコトが横の壁に取り付けられた装置に近づいた。彼女の身長にあわせたように低い位置にある。

手のひらを押しつけると「ピッ！」と小さな電子音が聞こえる。続いて、右目を近づける。すると、音もなくスッと正面の壁が開いた。

掌紋認証に網膜認証？　「ミッション・インポッシブル」みたいなセキュリティ。

なんなんだ、この古本屋――。

ビビっているぼくの顔を見上げて、マコトがニヤッと笑った。

「どうぞ、お先に」

言いながら、室内にむかって手を差しのべた。

足を踏み入れた場所は、ただっ広かった。

バレーボールコートを二面あわせたよりさらに大きそうだ。床にはやわらかな絨毯。歩いても足音がまったくしない。真ん中にポツンと丸くて大きいテーブルが置かれていた。

壁にはいくつかのドアが並んでいて、一見したところ、このフロアに本はない。でかいでかいでかい本棚は一つ上のフロアからはじまっている。

シンとした爽やかな空気。湿っておらず。乾いてもいない。

もう一度、見上げる。はるか彼方の天井には丸い形のガラス窓があった。昼間には太陽の光が差しこむのだろうか。

「これが《言霊探偵部》の《部室》。私たちは《図書館塔》と呼んでいるわ」

部室か――。その言葉で思い出すのは、高校時代のあのサッカー部の部室。ロッカーとベンチとお菓子と漫画。汚れたTシャツ、汗とホコリとカビの臭い。ここは全然、違う。

マコトを振り返ると、その背後にいつのまにか博士が立っていた。

「私がざっと館内をご案内いたしましょう。もっとも、ご覧のとおり、上から下までほぼ書棚しかありませんが」

それをマコトが制した。

「いいえ、博士。先にちょっと説明したいの。お茶を飲みながら。いれてくれる？」

「そうでございますか。わかりました。ではお待ちを」

博士は扉のひとつを開け、姿を消した。

「あそこはね、キッチン。このフロアに本棚はないの。衣食住のための空間にしてある」

「衣食住？　ここに住んでるの？」

「そうよ。これ、私の家」

思わず見回す。

「そんなのどうでもいいから。座ってよ、まずは。椅子はどれでもいいわ」

円卓をぐるりと囲むように備えられた椅子は全部で七つ。背もたれが高く、肘置きが分厚く、黒い革張り。テレビドラマなんかに出てくる「社長の椅子」って感じだ。ぼくは手近な一つを選んだ。

「さて、と」

マコトが隣に腰かける。小さな体と偉そうな椅子。アンバランス。ちょこんとした姿が可愛らしくもある。

机の下からタブレットを取り出し、ぼくに渡した。

「さっき店でお願いしたように、君の持っている力を貸してほしいの。といっても、そんなに特別なことをするわけではないわ。具体的には、吉田松陰が君の『ロールモデル』としてフィットするかどうか調べるだけ、ここにある本を使って。そしてあとですべてをレポートしてほしい」

「すべてをレポートっていうと?」

「文字通りすべてよ。調べている間に何を考え、それによってどんな本を見たり読んだりして、どんな結論にいたったか。そのタブレットを自由に使ってちょうだい。メモでも、画像にして保存してもいいし」

そう言われても、聞きたいことがいくつかある。

「調べるのはいいよ、自分でも必要かもしれないと思ってるから。それを教えるのも構わない。秘密にするほどのことじゃない。でもオレの情報を何に使うのかは教えてほしい。だいたい君らってどんな団体なの? この図書館ってなんなの? こんなところに住んでるっていう君は何者? 中学生ぐらいでしょ。あと、今からやるの?」

マコトは口の端をあげうなずいた。とても大人びた仕草。

「そうね。前半の三つの質問にはひとつの答えで済むわ。君のレポートを何に使い、《言霊探偵部》はどんな組織か、ここはなんなのか。ようするに全部が私の暇つぶし。次の質問。私が何者か、それと年齢を聞いたの？　そうね、君よりは大人って言っておこうかしら。あとは今は秘密。最後に、作業はいつはじめてくれてもいいわよ。仮眠をとりたければ博士が寝る場所を教えてくれる。ね？」

ちょうど近づいてきた博士にむかって問いかけた。博士の手には銀のトレー。上等そうなポットとティーカップが載っている。

「お腹がすいたら食料はいくらでも。シャワーもあれば、着替えだって用意できる。ただし、レポートが終わるまでここから出ちゃダメ」

え？　驚いて思わず入ってきた扉を見た。

「マジ？　オレ、誘拐されたの？　監禁とか？」

「うー。心外ね。大げさ。そんなんじゃないってば。君が帰りたければいつ帰ってもいいの。ただ、後日あらためて、ってわけにはいかない。訪ねてきても入れる気はないわ。なぜかと言うと、私には、現状の君が何をどう求めて手に入れるかに価値があるわけ。いったんここを離れてしまったら、言ってみれば『成長』してしまうかもしれないじゃない。つまりスタート地点が変わってしまう。それじゃつまらない。私は『今』の君を必要としているの。明日の君に用はない」

マコトの説明が理解できたかといえば微妙だ。だが、わかった。ようするに、いったん出ていけば、この変な場所には二度と入れない。

一瞬の間、考えた。

面白いかもしれない。たまには冒険してみるのも悪くない。そう結論を出した。そんなに時間もかからないだろうし、どうせ予定といっても明後日の模試ぐらいしかないのだ。ぼくはマコトと博士の顔を交互に見て、うなずいた。

「わかった。やってみるよ」

「そう、ありがとう。あと、外部との連絡を遮断させてもらうわよ。といっても、この建物、スマホの電波は通じないし、インターネットもつながってない。どうしても誰かに何か伝えたたなきゃならないなら固定電話を使って」

「じゃあ明日の朝にでも家族に連絡させてもらうよ。ところで、オレの個人情報は聞いたりしないの？　住所とか電話番号とかメールとか」

「興味ない。『シンジ』って名前が偽物でもかまわないわ。とにかく、あなたはただすべきことをして、出ていけばいい。もしすべてが終わったあとで必要だと思ったら聞く」

きっぱり。マコトは断ち切るように話す。

ぼくにもう聞くべき事柄はなかった。一瞬、沈黙が広がった。

真夜中の《図書館塔》。セーラー服の少女と引退したバスケ選手ぐらいデカいおじさんと受験生のぼく。紅茶の香り。奇妙な取り合わせ、奇妙な時間。

――コホっ。

遠慮がちな咳払いをして博士が口を開いた。

「シンジ様、いかがいたしますか。仮眠を取られるならお部屋へご案内します。あるいは建物をご覧になられますでしょうか」

眠くはなかった。こんな異常な状況で眠れるわけがない。

博士のあとについてビル内を見て回ることにした。


マコトの言うとおり、一階は居住スペースだった。客室、彼女自身の居室、シャワールームにトイレが二つずつとキッチン。

壁の一部がエレベーターの扉になっていた。ぱっと見ではわからないように工夫されている。

博士と二人で七階までのぼった。エレベーターを降り、踏み出したところは、幅二メートルぐらいの通路だった。端へ行ってのぞいてみる。

遥か下にポツンと円卓があった。見上げた時は、手すりがなく落ちたらどうするんだろうと思っていたが、実際はとても透明度の高いガラスが張られ、柵がわりになっていた。

通路は、壁になっている書棚の横幅一杯ぶんの通路があり、角のところが数段の階段になって、上と下へとつながっている。

天井にはところどころライトが取り付けられ、本棚と足元を照らしていた。一つの通路につきひとつずつ、ソファーとサイドテーブルが置いてある。

通路の隅に立ってよく見れば、どうもここの本棚は階ごとに据えられたものではなく、逆に巨大な本棚の前に足場が取り付けてある構造のようだ。

博士に聞くと、

「ええ、そうなのです。本棚は高さが二十メートル強あり、上から下までつながっております。じつは、当初この建物が出来あがった際に、通路はなかったのです」

「え、じゃあどうやって使ってたんです」

「壁の長さいっぱいの長細いゴンドラが四面にありまして、最上階から吊るして移動する仕組みでした」

ゴンドラ。ビルの窓拭きをするあれか。その姿を思い浮かべた。想像すると、ちょっとこわい。

「そうですね、多少違いますが。それを言うのでしたら、上下に移動する廊下と考えていただけばよろしいかと。いずれにせよ面倒でした。ですので、このような形に」

通路を歩きながら博士の説明が続く。

どの棚も本で埋まっている。約二十万冊あるとのことだった。辞書、事典、専門書、和洋の小説、マンガ。単行本もあれば大量の文庫本もある。背表紙の書名を眺めていると、今いるあたりは学術書や研究書が多いようだ。

吹き抜けを挟んだエレベーターの対面へ来たところで、博士が足を止めた。

「このあたりに吉田松陰の本が集まっています」

本当だ。背表紙に「吉田松陰」という名詞が入る本がずらっと並んでいる。百冊以上はありそうだ。

「また、日本史、世界史の書籍を参考になさりたい場合もおありかと存じます。そういった際には、タブレットに収蔵場所を示したマップが入れてございますので、そちらをご参照ください」

あわてて手に持ったタブレットを起動した。サイドについているスイッチに触れる。すると画面にアイコンが二つ現れた。

「図書館塔」と「notebook」。「図書館塔」をタップする。ビル全体が画面に現れた。横に検索用のメニューがある。

試しに「テーマ」「書名」「著者名」のなかから「テーマ」を選び、「吉田松陰」と入力した。素早く現在地が示される。いまいるのは七階の東Bらしい。

「変わっていると思われるかもしれませんが、難しいことはなにもありません。結局、この建物の機能はひとつだけなのです。単なる本の所蔵庫です。あとはどなたかがご利用になってこそ完成すると、私は思ってございます」

「本は読まれてこそ意味があるってことですか」

博士はニコッと笑った。

一人になった。ソファーに腰かける。落ち着いて現状を見直す。

たまたま入った古本屋がじつは私設図書館だった。至れり尽くせりで、貸し切り状態。都合がよすぎないか。何かの罠か。と、また疑念が頭をもたげる。

あとで高額請求されるとか？

「そうじゃなさそうだな」

思わず口から漏れた。静かな本の壁にぼくの言葉が吸い込まれる。

マコトはぼくが誰であるかに興味がない。浪人であることも近所に住んでいることも伝えていない。疑問はあるが、考えても仕方ないようだった。

とりあえず、やるべきことをやろう。

マコトからの課題である「ロールモデル」調べ。

博士は、立ち去る前に『覚悟の磨き方』が置いてある場所を教えていってくれた。「書肆往来」で見つけた本。まずはこいつからだ。棚から取り出し、表紙を開いた。

「まえがき」はこんなふうにはじまっていた。

《かつて吉田松陰ほど型破りな日本人はいただろうか》

最後はこうしめている。

《本当に後悔しない生き方とは一体なにか。この本を媒介として、ともに考えられたら嬉

しく思う》

けっこう刺激的。

パラパラとめくってみる。一ページにひとつ、短い文が大きい字で印刷され、その解説が小さく書かれている。

幕末に生きた吉田松陰が書きしるした言葉。そのエッセンスを取り出して、わかりやすい現代語に置き換えたものを集めた本らしい。

たとえばこんなのだ。

《そこに未来がある
自分の心がそうせよと叫ぶなら、／ひるむことなく、すぐに従うべきだと思います。》

あるいは、

《甘えを捨てろ
人にまかせきりにしないで、／自分にできることを見つけて、やってみましょう。／「まわりとうまくいかない」／なんてぼやいていないで、仲良くなる努力をしましょう。／なぜって？／あなたは今日から大人だからです。》

ぼくにむけて言ってんの？　そう思った。

浪人は苦しい。楽しくない。入試をパスできるかどうかのプレッシャーもだが、勉強がつまらないのもある。

毎日のすべてが高校で学んだ復習だ。新しい知識はない。模試の順位があがろうと、志望大学への合格可能性が高くなろうと、自分が前進したとか成長したな、なんていう充実感はない。むなしい。

そんなことを言ってられない立場だとは理解している。現役で合格できなかったからこういう毎日を過ごしているのだ。自分のせいだ。

それに、ぼくと同じように合格できなかったが、経済的な事情で進学をあきらめ就職した同級生を何人も知っている。

彼らに比べれば、恵まれている。

わかっている。感謝している。けれど、だからといって、つまらないには違いない。この感情は甘えなのだろうか。いつも思っている。
ページをめくった。

《人である意味
人は「なんのために生きているか」で決まるのです。／心に決めた目標のない人間は、もはや「人間」とは呼びません。／もし思い出せないなら、今すぐ思い出す時間を作るべきです。》

《自分はどこからやってきたのか
自分のこの身の、原点は一体どこにあるのか。／はるか昔までゆっくり思いを馳せていくと、／突如、感激の心が湧き起こり、／「よし、やってやろう」という決意が生まれます。》

そうそう。そういうところだ、モヤモヤしているのは。

吉田松陰が処刑されたのはわずか三十歳。

鎖国していた江戸時代に外国へ密航しようとして失敗、その後、長い間、現在の山口県にあった自宅に閉じ込められる。軟禁中に幕府要人の暗殺計画を立てたりもした。過激な行動をするひとかと思えば、短い生涯のうちに本を山のように読んだ。「まえがき」にそのように書いてあった。

一時間ほどかけて本を読み終わった。読みやすかった。

こころに刺さる言葉はいくつもあった。ぼくのような若い世代にわかりやすい。

そして、この《図書館塔》で次に何をするかも見えてきた。

吉田松陰の足跡を知る。歴史の教科書に書かれている以外のこと。

大量の読書をして、弟子を導く師の役割を果たす「歴史に残る先生」でありながら、片方で法を犯すほどの無謀な行動に走る。

そのギャップが不思議だった。どんな人物だったのか。納得できるイメージを自分のなかに作り上げられるように調べたい。

立ち上がり、本を探した。どでかい本棚の前を何度も行ったり来たりして、見当をつけていく。

それにしても、一人の人物についての本がなんでこんなに出版されているのか。大人気か？　吉田松陰。

　とりあえず、と最初に選んだのは、ページ数少なめの人物ガイドのような本だった。写真が多め。手っ取り早さを狙ったのだ。そして、それは失敗だった。

　めくっても内容がさっぱり頭に入ってこない。吉田松陰の生い立ちから順をおって、関連する資料や場所の写真などが並んでいるのだが、なんのことやらわからない。

　これは本が悪いのではない。ぼくの考えが浅かったのだ。

　学校の授業であてはめれば、これは副読本にあたる。そして副読本とは、メインの教科書と教師の話で本筋をのみこんでおいてこそ、あるいは本筋を理解する助けとして眺める意味がある。吉田松陰の生涯について「流れ」を頭のなかに持っていないぼくにとっては、手がかりにならない。

　うん、そうだ。手がかり。それを集めてぼくはぼくなりの「吉田松陰像」を得るのだ。

　本を棚にもどし、別のを探す。

　文庫本を何種類もかためて置いてあるコーナーがあった。司馬遼太郎、山岡荘八、津本陽、童門冬二、古川薫といった著者名が並んでいる。全員が吉田松陰を題材に小説を書いたのだ。名前を知っていたのは司馬遼太郎だけだが、誰の本も読んだことがない。

どれがいいのかさっぱりわからない。有名な本もあるのかもしれないけど、知らない。裏表紙のあらすじを比べて選ぶぐらいしか方法はない。なんとなく「小説」と書いてあるものは避けた。

『松風の人　吉田松陰とその門下』が気になったので、試してみる。あらすじには「波乱に富んだ生涯を描く傑作評伝」と書いてあった。

あと、書名についた「門下」も気になった。マコトとの会話でマンガ『銀魂』のことが頭にひっかかっており、吉田松陰本人と同時に、松下村塾についても知りたくなっていたのだ。

ページ数を見ると四百数十ページある。そこそこの厚さ。読み終えるのに何時間かかるだろうか。

本を持ってソファに戻る。肌触りがいい布張りの長椅子だ。色は深いブラウン。クッションも背もたれも、硬すぎず、かといって体が沈み込むほど柔らかくもなく体を受け止めてくれる。

《吉田松陰の生家跡は、萩市の東寄りにある毛利家菩提寺、東光寺のある小山の南側、団

子岩と呼ばれる丘の片隅にある》

こんな書き出しだった。

生い立ち、家族、各地への旅、学問、そして暴走と軟禁、処刑。吉田松陰三十年の短い人生がコンパクトにまとまって描かれている。

一気に読み終える。終わりはこうだ。

《彼の志は、久坂、高杉、入江ら門人の身内に生きつづけ、時勢の変化を先導しつづけたのであった。》

途中、博士が飲み物とパンを差し入れてくれたところで休憩をして、何度かウトウトもしたけれど、ほかのことは一切せず、目が文字をおった。

夜が明けて次の日となり、天窓から薄明かりが差していた。

だいたいのところはわかった。

早熟の天才児。子どもがする遊びには混じらず、難しい本ばかりを読んでいた。そんな本の虫でありながら、閉じこもっていたわけではない。他人とまじわるために旅をした。沖縄・北海道を除くほとんど日本全国。だいたい徒歩で。そして最後の数年はずっと四人だった。

読み終わってから、自分だけのメモのため、もう一度最初から見直してタブレットに要点を抜き書きする。

受験勉強みたいだ。でもそれしか方法を知らない身としては仕方ない。

一八三〇年　生誕。杉寅之助という名前。後に養子で名が変わり、さらに後に改名。
一八五〇年　二十歳、九州へ。
一八五一年　二十一歳、江戸へ。藩の規則を破り東北へ。後に咎めをうける。
一八五二年　二十二歳、長州へ帰国。士籍剥奪（侍をクビってこと？）。
一八五三年　二十三歳、藩主の意向により十年間の予定の旅へ。吉田松陰を名乗る。浦賀で黒船を目撃。対アメリカ戦について藩主あてに文書を記す。西洋事情を学ぶためロシア船で国外脱出しようと長崎へ行くが果たせず。関西経由で江戸へ。
一八五四年　二十四歳、日米和親条約が結ばれたのでもうアメリカと戦争する必要はなくなった、だからアメリカ船で留学させてもらおうと密航を企てるも、相手から拒否される。日本では違法なので自首、投獄。江戸の牢から長州の牢へ移送。
一八五五年　二十五歳、自宅軟禁。古典の講義を始め、後に松下村塾へ発展する。
一八五八年　二十八歳、幕府がアメリカとの新条約を締結。朝廷の意見を無視したものだったので義憤を抱く。幕府要人の暗殺を計画するも実行されず。さらに、藩に江戸幕府へのクーデターを提案したため自宅から牢獄へ。
一八五九年　三十歳、安政の大獄の一環として江戸へ移送され、裁きの後、処刑。
一八六七年　没後八年（三十七歳）、大政奉還
一八六八年　没後九年（三十八歳）、明治元年

短い生涯の最後はずっと閉じ込められたまま。松陰が死んで十年もたたずに明治維新が起こったのも不思議な気がする。なぜか江戸時代のひと、明治はまだまだ遠いイメージがあったからだ。

違う棚から歴史年表を持ってきて、対照してみた。

一八三三年～　三歳、天保の大飢饉。数年間にわたる。米の値段があがり、餓死者があとをたたず、百二十万人以上が死亡した。各地で一揆。
一八三七年　七歳、大阪で大塩平八郎の乱。過酷な状況に対して下級役人がリーダーになって反乱を起こした。松陰は大塩の書いた手記を読んだといわれる。
一八四〇年～　十歳、清とイギリスの間でアヘン戦争が起こる。のちに英、米、仏が清と不平等条約。
一八四一年　十一歳、天保の改革。贅沢が禁止される。
一八四四年　十四歳、オランダが江戸幕府に開国を要求。
一八五〇年～　二十歳、清で太平天国の乱。
一八五三年　二十三歳、安政の改革。国防強化等。
一八五四年　二十四歳、東海地震が起こる。
一八五五年　二十五歳、江戸地震が起こる。

二十歳ではじめて旅に出る前に、日本には大変なことがいくつも起きていたらしい。前半は一揆と緊縮財政、後半は天災と西洋列強の圧力。吉田松陰は江戸二百三十年間の最後に大荒れになった世の中に育ったのだ。

もう一冊何か、と読んでみたのが『吉田松陰　留魂録』だった。

死刑直前、松下村塾の弟子たちに書きのこした「遺書」。さっきまで読んでいた本にも登場していた。その現代語訳。「これがそうなのか」と思わず手に取った。

江戸の獄中での取り調べや、一緒に捕まっている政治犯たちとの交流、処刑されたあとの自分についての始末をどうしてほしいか、などが書いてある。

「解題」という章にこんな言葉があった。

《「朱子学だ、陽明学だと偏っていては何の役にも立つまい。とにかく尊王攘夷の四字を眼目として、だれの著書でも、だれの学説でもその長所を取って学ぶようにしたらよいのである」》

自由、なんだろうか。こういう考え方って。

なんであれ誰であれ「いい」と思う部分があれば吸収して自分のものにしてしまえ、と言っているかのようだ。

この一文をタブレットに書き写し、ここまでにしようと思った。


「結局、本を三冊読んだだけなのね」

ぼくが話し終えると、マコトは言った。

月曜日。《図書館塔》に入って三十時間以上が経っていた。

もういい、と告げると、博士は休むようにすすめてくれた。シャワーを浴びて、ゲスト用のベッドルームで数時間の仮眠をとる。簡単な食事も出してくれた。とてもおいしいカツサンドだった。挟まれたカツがサクサクしていて、揚げたてみたいだった。

そして、ふたたび円卓につき、マコトとむき合ったのだ。

「うん。そうだね。それだけ」

自分でも考えていた。こんな風に誰かにむかって話せるほどのことを調べられたわけじゃない。わかったのはたまたま読んだ本に書いてあったことだけ。でも。

「わかってるたくさんのひとにとっては、当たり前なんだよね。ぼくがこの《図書館塔》で知ったことなんて。でも、ぼく一人だけについてなら、一昨日まで吉田松陰についての知識なんかほとんどゼロだったのに、人生と世の中の流れまでだいたい把握できるまでになった」

マコトは、からかうような笑みを浮かべ、黙って聞いている。

「それってじつは、読んだ本のなかに書いてあったんだよね。どこだったかな……」

手もとに持ってきた『留魂録』をめくり、目的のページを探して読み上げた。

《十歳にして死ぬ者には、その十歳の中におのずから四季がある。二十歳にはおのずから二十歳の四季が、三十歳にはおのずから三十歳の四季が、五十、百歳にもおのずからの四季がある》

「つまり、誰かと比べて劣るとかじゃない。ぼくはぼくっていうヤツとしてこの時点で最高なんだ。で、今日は三冊のぼくが最高なんだけど、明日にはもう三冊増えてるかもしれない。そしたら、六冊のぼくが最高のぼくになる」

興奮して喋った。読んだ本に影響されたのか、あの時は、幕末っぽい気分であつくなっていたのかもしれない。

するとマコトが意外なことを言い出した。

「わかったわ。議論する気はないの。あなたが何を得てどう考えようと私には興味がない。それが正しいか間違ってるか、そんなこともどうでもいい。ただ、あなたが、この場所で読んだ本から影響を受けたって聞けたことで満足。《図書館塔》はそのために作られたんだから」

「え、どういうこと」

「あとで説明してあげるわ。まずは聞かせてちょうだい。あなたの『ロールモデル』はどうなったの」

「うん。やっぱり興味あるな。本を読んでばかりいて、信頼する仲間が多くて、生徒に優しい先生で、でも暴走して捕まって、って、ひとりの人間のこととは思えない。だけど、三冊の本を読んだかぎりでは、どの顔も魅力的だった」

「じゃあ、もうひとつ教えて。これがいちばん肝心なところ。君なら、これから吉田松陰についてより多くを知るためにどんな本を読みたいと思う？」

どんな本、か——。一瞬、考えた。

ずっとだった。この数十時間。本を読み、考え、また考える。それにふさわしい場所。ここに生活はない。移動はなく、買い物もなく、スマホがなく、連絡がない。水族館の水槽のなかに沈んでいるような深く静かな気分だった。

「そうだな。吉田松陰の書いた本がいい。たぶんすごく難しいんだろうけど。あとは、実際に会ったことのあるひとの話とか。とにかく生の声が知りたい」

「ふうん。わかった。あ、そうだ。マンガの話はどうなったの？『銀魂』だっけ」

「吉田松陰をモデルにしたマンガのキャラと、ここで読んだ本に書いてあった本人を比べたら、本物のほうがメチャクチャだったな。やっぱり別物なんだ」

マコトがぼくをじっと見て、うなずいた。

「そう、ありがとう。その答えをもらったから君の役割は終わり。帰ってくれていいわ。でも」

と言って、マコトは隣に座る博士をちらっと見た。

「もうしばらく付き合ってくれる気があるなら、私の話を聞いてくれる？」

別に構わない、と返事をした。なんとなくもうしばらく《図書館塔》にいたかったから。

予定といえばまた受験勉強にもどるくらいだし、模試はサボってしまったし。
ぼくの同意を確かめると、マコトは話しはじめた。
それは、一人の少女の長い歴史の物語だった。

エピソード3　少女の塔

私は、中国の上海出身なの。一九二七年生まれ。今年で九十二歳になったわ。

鉄鉱の仲買いで財産を築いたのが父方の祖父。大阪の商人。いわゆる成金だったんだけど、そのひとが没落華族の出戻りの祖母と結婚して私の父は生まれた。

祖父はさらに会社を大きくしようと大陸へ進出したの。家族をつれて中国へ渡った。だから、父が成長したのは中国だったわけ。祖父から商売を学び、やがて自分の会社を持たせてもらって、上海に拠点をおいた。

そこで持ち上がった縁談の相手っていうのが、当時飛ぶ鳥を落とす勢いだった関東軍の将校の娘だったのね。それが私の母親。

そんなわけで、政略結婚につぐ政略結婚がわが家の歴史なんだけれど、当時の世の中はみんなそんなものだったから、珍しい話でもないわね。シンジは知らないだろうけれど、昔の結婚って見合いとか親が決めた縁談でするものだったわけでしょ。

私が生まれた当時の上海は、租界っていって、ヨーロッパ各国と日本が土地の所有権を持ってて入り乱れる騒がしい場所だった。父母に聞いた話によれば活劇映画ばりの冒険が日常に起こるような時代だったんだそうよ。

ただ、私がまだ物心つかないうちに日本と中国の戦争がはじまって、このままでは危ないってことで、例の母方の、関東軍の祖父が心配して満州へ呼び寄せたの。だから私は上海租界をおぼえていない。

それからは戦局によって各地を転々とした。そして、終戦と同時に家族揃って日本へ帰ってきたの。それができたのも二人の祖父たちの金と軍のネットワークの力。まったくひどい話よね。民間人も一般の兵卒もほったらかして自分たちだけさっさと逃げ帰ったんだから。

一九四五年、終戦の年の秋には鎌倉に大きな家を買って住んでいた。

なぜ鎌倉かっていうと、東京や横浜の大都市は空襲があってたいへんな状態だったから、東京に近くて被害の少なかった土地を選んだってだけね。

祖父たちはこちらに帰ってきても断罪されなかった。むしろ、子や孫まで含めたファミリービジネスで戦後社会をのし上がっていったわ。

ただ、役割分担はしたの。父方の系統は商売を続けたけど、母方が政治の世界へ進出していった。新しい憲法ができて初めての選挙で国会議員になったわ。もちろん、もう一方が資金面でも人脈でも大きく協力した。

車の両輪のように、っていうじゃない。一蓮托生とか。それよ。両方の家は政治が表側、商売が裏側として支えあって盤石な体制を築いていったの。現在でも世襲議員と創業者の同族経営の組み合わせで続いてるわよ。


そのなかで、ひとつだけ順風満帆とはいえないことがあった。それが私。

十歳で成長が止まったの。同年輩のみんなと同じように食べて飲んで、運動もして、それでもまったく変化しなかった。ずっとシンジが今見ているこのままの姿。

それでも最初はよかった。昔の日本人って、背が低いうえに、食料不足でみんなガリガリに痩せていたから目立たなかったのよ。あと、一家で各地を転々としていたでしょ、幼なじみもできなかったし、それに金持ちの娘は外で遊んだりしないものだから、近所の噂もない。

でもさすがに十七歳になって十歳の姿のままであれば、どこからか話は伝わる。異常な娘だってね。だから、なるべく人目につかないように隠れて暮らしていた。

鎌倉に移住して以降、対外的に、私は初めからいなかったかのように扱われたわ。

ところが、一方で父は私に利用価値を見出してもいたの。

もともと本を読むのが大好きで、学校の成績なんていつも一番だった。だからそっちをのばそうとしたわけ。嫁にいくなり、養子をとるなりして子どもを産んで家の発展に役立つことができないなら、勉学を身につけて実務の方面で尽くせ、ってね。

毎日、元東京帝大の先生をやっていた家庭教師にみっちり勉強を教えてもらって、それ以外の時間はずっとひとりで本を読んでいた。

当時の日本は復興の入り口に立ったところで、たいていの若者は、まだまだ勉強に集中できる状況になかった。生きていくのにやっとの時代だった。ましてや若い女性が学問なんて少なかったと思う。

私が二十代になり、一九五〇年代に入ると、東京に引っ越した。本郷の大きな家だったわ。もともとは、江戸時代のどこかの藩の下屋敷だったとかそんな由来の土地。

とても広い庭があってね、その一角に私専用の住処が建てられた。普通の一軒家。間取りでいえば3LDKってとこね。住み込みのお手伝いさん用の部屋もあった。

　父の意向で、私が学んだのは経済学や経営学、それと国内外の政治が中心だった。嫌ではなかったわ。むしろ、古典も最新本も手に入れられるかぎり集めて原著で読んでは、先生たちに議論をふっかけた。彼らは辛抱づよく、よく相手をしてくれたと思う。

　二十代中盤になると、徐々に父の仕事を手伝いはじめた。家族が経営する会社はどんどん数を増やして各分野に進出していたので、人手不足だったことが大きかったけど、やっぱり私は父の期待に応えたんだと思う。自分で言うのもなんだけど、優秀だったから。とくに数字に強いのが重宝されたわね。

　いろんな大型プロジェクトに参加した。オリンピックとか。東京に札幌。長野は少しだけだったけど。東京近郊各地区の再開発もいろいろ。一九六〇年代から三十年間ぐらいやってたわ。やめたのが六十歳を超えていたから、当時の定年退職よりあとまで働いたわね。

　仕事の内容は、自宅から出ないからって書類相手ばかりじゃなかったのよ。会社のひとがうちに来て、打ち合わせとか話すことは多かった。

　それで面白かったのは、初対面の時、誰もが面食らったってこと。だって、大物経営者の補佐って出てきたのが、幼い女の子なんだから。でもみんなすぐにパートナーとして認めてくれたわ。たぶん、父がその手のことに順応できると見込んだひとだけを送り込んでいたんでしょうね。

その間も本は読み続けた。ほかにすることがないもの。朝から晩まで仕事して、それ以外の時間は全部、読書。休みの日もね。

何年かに一度ぐらい、自動車に乗って国内旅行に行ってた時期もあったけど、私に許されるのは子どもだましの楽しみだけ。一事が万事そうでしょ、世の中って。大人の遊びのほうが多いのよ。だから次第にイヤになって外出しなくなった。

本はどんどん増えていったわ。単行本、文庫本、雑誌、新聞。事業のための資料がたくさん必要だったし、国内外の雑誌で見かけた役立ちそうな本も手当たり次第買ったから。家中が本でいっぱいになると、書庫を建ててもらった。

会社での役割は、年をおうごとに実務より相談役に近くなってきて、やってくるひとにも変化があった。知り合いの経営者や彼らから紹介された政治家が増えたの。

自慢じゃないけど、私の読書量や知識の量は並大抵じゃなかった。経済と政治の分野に限ってなら専門家かそれ以上と言われたものだったわ。お客はその方面で困ったことがあると解決策を探しにくる。私は相談内容を聞いて、書庫に持っているどんな本を読めばいいか教える。すると、だいたい答えが見つかったわけ。

感謝されたわ。最初は私も嬉しかった。自分の知識と集めた本がこんなに他人の役に立つんだって。でも続けているうちに違和感をおぼえはじめたの。彼らの答えを誘導しているような気がしてね。あの感覚をあらわす言葉はいまだに見つからないけど、ようするに肌にあわなかったってことかな。自分の考える学びとは違う安直なやり方がね。

バブル絶頂期にはこう思ってた。いろいろなひとたちの話を聞いて。彼らを動かしているのは「自分で考えなくていい、どこの誰ともわからない誰かについていけば」。一番肝心なのは遅れてはいけないこと」っていう焦燥感だけなんじゃないか、ってね。公私ともによ。なにもかもそんな調子に見えたわ。

私の観察が正しかったかどうかはわからない。もっとちゃんとした分析をした学者や評論家はいるでしょう。ただ、それで私自身はリタイア後にやることを決めた。

会社から身をひいたのがバブル崩壊の真っ最中。うちもそこそこ打撃を受けたけど、致命傷ではなかった。それ以降は、外部から私への相談も一切断るようになった。

そして《言霊探偵部》ができた。

じつはこのコンセプトってそのころのある出会いから生まれたもので、引退前からなんとなくはじめてはいたの。いわば専任になったわけ。

ここではね、公共図書館や学校図書館のような本の集め方はしない。不特定多数の利用者にまんべんなく知識を提供するためじゃないから。

まず収集の出発点は、誰かの「さがしもの」。何か知識を得たいと思ってて、なのに、それが漠然としすぎてどこをどう探したらいいかわからないってひとの依頼を受ける。そして、こちらからテーマを絞り込んで提案して、それに沿った本を集める。依頼人に託して、何か得られればよし、あるいは、ちょっと違うんだけれど自分で「さがしもの」を手に入れるためのヒントになればそれでもいい。

集まった本は処分しないで、どんどん増やしていく。やがて何十人何百人分も溜まるとどうなるか。つまり、それって私じゃない誰かによる探求の痕跡のかたまりなのよ。私の本棚なのに。面白いと思わない？

もうひとつ裏の動機もあった。それは本を読みたいという私自身の欲望。

引退前から、現場が遠くなるにつれて読書するテーマが徐々に減ってきていた。

それで、もしこのままリタイアしたら、たぶん何を読んでいいかわからなくなる。そんな予感があったのね。

読書には刺激が必要なのよ。とにかく私の場合はそう。娯楽でも専門書でも、何かを読みたいと思うのは、その本と自分につながりができた時だから。

何十年もほとんど外出しなくても社会には関わっていて、読むべき本がいつもわかっていた。ということは仕事をやめたら途方に暮れてしまうはずでしょ。新聞を見たって、それこそ別の惑星の出来事が書かれてるように感じるだろうってね。

そこで、ほら。じゃじゃん！　依頼人の登場よ。

自分が体験できないなら、誰かの体験を共有させてもらえばいい。つながりがないなら、持っているひとに借りればいい、ってね。

私は、依頼人にインタビューしてある程度の傾向をつかみ、自分がそのひとだったらって想像しながらテーマを絞り込んでいく。そのひとは必要としている知識を、私は読書のきっかけをそれぞれ肩代わりしあうわけ。面白かった。自分が読んできたのと全然違うジャンルだし、おそらくそうやって出会わなければ一生手をのばさないような本ばかりだったから。そんな学び方ってすごく贅沢だと思う。

依頼人は知り合いとか、ある程度コネクションがあるひとから見つけたわ。あまり知らないひとをうちへ入れたくなかったから。

彼らが私の本棚で「さがしもの」をするのは一回だけと決めた。それが一日のこともあれば数日や数週間にわたっての時もある。満足がいくまで、あるいは諦めるまで、よね。そして、どんな結果になるにせよ、あとは自分で学んでもらう。他人が私の本棚に入り浸るようなことになってほしくない。

それで、この三十年あまりの成功率はどうだったか。依頼人が「これだ」ってものを見つけられたケースって。まあ五割から六割というところかな。仕事の相談の場合は、ほぼ問題解決できてたので、ずいぶん勝率は下がったわね。残念な気もするけど、仕方ないかな。結局、ちょっと手に入れにくいそれが「言霊」じゃないかなって理解してるわ。

なんだかんだいって、一番恩恵を受けているのは私ね。これをやるたび、ものすごい勢いで本が増えていくのが嬉しい。シンジは経験したからわかると思うけど、依頼人は用意してある本の全部に目を通すことはないわ。ところが、私は、次の依頼までのあいだにけっこうそれらに目を通しちゃってるわけ。読まないにしても、パラパラとでもね。依頼人なしで勝手に「さがしもの」を続けてちゃうし。悩みを共有してるつもりになってるから。

ハマっちゃうと、依頼が終了した後でも本を追加することがあるのよ。

《図書館塔》を作ったのが一九九八年あたり。それまでは、本郷の家の庭に専用の書庫を建て増して対応してたんだけど、とてもスペースが追いつかなくなってきた。

ちなみに以前は《文京言霊探偵部》ていう名前だった。ほら、本郷は文京区でしょ。

だいたい二ヶ月に一件の依頼を受けていて、一年で千冊ほど本が増えていたから、そのままいくと数年で敷地中が本で埋まっちゃう。これは大変ってことで、本と一緒に住める場所を作って引っ越すことにした。

お金はそこそこかかったわ。父が将来どうなるかわからない私のために投資と貯蓄をしておいてくれた分を資金にしたの。

最近は、依頼人に提示する「テーマ」を考えるのはほかの《部員》に任せてる。長い間続けてきて、そのほうが私も楽しめる気がしてきたの。

《言霊探偵部》と《図書館塔》についてはそんなとこかな。

そうそう、博士についてね。あのひとは私の専属医なのよ。

両親は、私の成長しない体がなんとかならないかって、治す方法を探し続けていた。声をかけた医療機関や研究機関は相当な数にのぼったわ。どこもすごく興味を持った。

それはそうでしょ。世にも奇妙な難病で、この「不老」のメカニズムを解明できたら名前が売れるだけじゃなく、大儲けできるのは確実なんだもの。

国内外に関わらず、トップクラスのところとしか話はしなかったけど、「研究」って言葉を使ったらすぐにお帰りいただく、ってのが父の方針だった。必要なのは「治療」なんだからってね。

何度も詳細な検査をした。でも、ちょっとした異常も見つかることはなかった。ただの健康な十歳。新陳代謝のたびに身体中の細胞が自分自身をクローンし続けることがわかっただけ。

でも、過去に同じ病気になったひとがいた記録は見つかったの。とても稀ではあったけど、世界中でね。共通していたのは、自分の子孫を残せるほどには成長しないこと。あとは、事故や病気にならないかぎり普通のひとと同じぐらい生きて死ぬ。「不老」だけど「不死」ではない。

そういった例を見つけてきてくれたのが「博士」なの。

勤めていた医療研究機関で私が検査を受けたのがきっかけになって、この病気について調べはじめたわけ。

彼の熱心さに感心した父が頼み込んで、専属になってもらった。なにしろ珍しい病気だから不安だったのよ。何が起こるかわからないでしょ。親にとって、子どもはいつまで経っても子どもっていうけど、私の場合、本当にどこから見ても子どもだから。「博士」が来てくれるようになったのがリタイヤの数年前だから、私は六十歳近かったけどね。

でもまあ、普段は医者としてやることもあまりないので、ほかの仕事を手伝ってくれることになった。そしたら、なぜかそれっぽい感じの服を揃えて執事の役まではじめちゃって。べつに私は頼んでないのよ。

さて、こんなところでざっと説明できたかしら。

それでシンジ。急だけど、

《言霊探偵部》の部員になってくれない?

from KASSORO

ぼくが『覚悟の磨き方』を読んだのは、なんといっても帯のコピーにやられてしまったからだ。

《不安と生きるか。理想に死ぬか。》

そういうことなんだ、と思った。

やるべきこと、やりたいことをやらずに、一生を中途半端に終えるなんて嫌だ。

吉田松陰——後に明治維新と政府の中心人物たちに生涯尊敬された「先生」でありながら、過激な行動で捕まるような人物。

理想にむかって突っ走った若者であり、語り継がれる教育者でもある。

興味がわいて何冊も本を読んだ。ますます面白くなった。

後の世ではうまく生きられなかったかもしれないと書いてある本があった。あまりにまっすぐで、政治の世界ではうまくやっていけなかっただろうと。


いつだって「現在」しかない。この機会を逃せば、後悔し続けることになるかもしれない。

でもそれは、焦って生きればいいってことでもない。

吉田松陰も言っている。一歩一歩しか進めないいし、死に急ぐような生き方は間違いだ。

自分をかけられるような「これ」が見つかったら、時間も知恵も力もすべてをつぎ込んで、突っ走ってみようってこと。

Chapter II
前 進

――成し難きものは事なり、失ひ易きものは機なり

いつも
NAVI

エピソード4　再訪

夕方、駅の改札を抜ける。急ぎ足になった。横浜のカフェバイトをあがるのが時間ギリギリになってしまったからだ。

今日は、ぼくの《言霊探偵部》デビューの日だ。

《図書館塔》で吉田松陰の本を読み、マコトに勧誘されてから、半年以上が経っていた。

ぼくは大学に合格し、フットサルサークルに入り、新しい友人ができ、地元のヤツらともあいかわらず遊んで、バイトが週五日になった。

あれから何冊か吉田松陰関連の本を読んだ。伝記や遺した言葉を集めたもの、小説。関わりのある人物についてのものも。困るのは、知れば知るほど「知らないことが増えていく」ことだった。人名、地名、事件、前後の歴史……。謎の言葉に出会うたび調べると、次の謎が顔を出し、さらにまた、と、どんどん枝分かれしていく。

あの日以来、ずっと考えていた。

以前、大学での専攻科目は経済にしようと思っていた。ビジネスを学んで、なるべく若いうちに起業したいから。それが、マコトとの交流のあとで、ライブラリアン＝司書になるための勉強もいいかなと思いはじめていた。

博士から電話があったのは二週間前。耳にあてたスマホから、一言ひとことをゆっくり、優しく説得するように発する声が聞こえてきた。

「依頼が入りました。シンジさん、お力を貸していただけないでしょうか」

——この連絡を心待ちにしていた。

じつは、何度か古書店「書肆往来」を訪ねていた。だがいつも閉まっており、もう一度あの場所へ、という望みが叶えられることはなかった。

ひょっとしてと思い、真夜中に試したこともあった。しかし、入り口には変わらずシャッターが降りたまま。ビルの上の階から灯りが漏れる様子もなかった。もっとも、ここに窓がないのは知っていたのだが。

博士いうところの「依頼」はシンプルだった。

○相手は十四歳の中学生。
○「世界征服」をしたがっている。
ということなので、《言霊》のもとになる「テーマ」を推薦する。

ずいぶん大それたのぞみを持つ子どもが依頼人らしい。世界征服って。なんだそりゃ。

難問だな——とは思わなかった、実は。

瞬間的に、なんでもいいなら何か出せるだろうと考えてしまったのだ。

たしかに、大学に入ったばかりのぼくにたいした知識はない。すごく博識なひとみたいな提案は絶対に無理だ。でも、吉田松陰の言葉にあったとおり、ぼくの人生のなかだけでなら今日が最高に物知りだし賢い。これまでに出会ったなかで「世界征服」につなげられるようなモノがあれば、それがぼくの「最高の世界征服」だ。遠慮も恥もいらない。

博士は、前もって内容を知らせなくていいと言った。二週間後に部室へ行ってマコトにプレゼンをするだけ。

そうなのだ。やっと、また《図書館塔》へ行ける。

脳裡に世間から隔絶されたあの場所が浮かんだ。

「いらっしゃい」

九十歳過ぎの少女が出迎える。小さな手足、長い髪、セーラー服。マコトの姿は寸分変わっていないように見えた。

「あれから何度か店をのぞいたんです。でもいつも閉まってて」

挨拶もそこそこに言ってみた。

「そうなの？　私、お店のことはわからないから」

マコトが長身の博士を見上げる。

「ええ。ここのところは開けてございませんね。あれこれ所用がありまして」

そうだ。このひとは本物の〝博士〟なのだった。マコトの雑用もあるし、いろいろと忙しいのだろう。専業の古書店店主ではない。

「シンジ様はいかがお過ごしでしたか。お変わりなく？」

そう尋ねてくれたので、近況を伝える。

その間、マコトは聞こえているのかいないのか、ぼんやりとしていた。いや、まったく興味がないのか。

博士によれば、今夜はもう一人、《言霊探偵部》部員が来るという。

「長くメンバーでいらっしゃる方です。もう三十年になられますね」

「へえ。じゃあそのメンバーって何人いるんですか」

「それは、お答えするのが難しい質問です。はっきりした入退部があるわけではないので。マコト様がお誘いになった方が部員です。そして、本日のようにマコト様がご指名になられて、何かをご依頼された際にその方の活動があります」

つまり、マコトが思い浮かべた時だけ、そのひとはメンバーになるみたいなもの。自分で勧誘しておいて、その後一度も声をかけない場合も、今日来るひとのように何度か呼ばれるひともいる。

ようするに、常任の《言霊探偵部》の部員といえるのは、

「私ひとりです。マコト様はそうではありません。以前お伝えしたかと存じますが、なにしろ、この部はマコト様にご奉仕するために作られたものですから」

ご奉仕――。横目でマコトをちらっと見た。

姫。お嬢さま。深窓の。そんな言葉が頭をよぎった。

あとから来た〝部員〟は、大人の女性だった。フワッとゴージャスな髪型。キリッとしたビジネススーツには上品な光沢がある。ヒールが低めのパンプス。よく知らないが敏腕ＣＥＯといった雰囲気だ。

「ひさしぶりね、サエコ」

マコトが席を立って出迎える。手を差し出した。

「先生。すっかりご無沙汰してしまいまして。その後、いかがですか」

サエコと呼ばれた女性が、少女の小さな手を両手でうやうやしく握った。ひざまずきそうな様子だ。

「ええ、相変わらず」

ぼくを手まねきする。

「こちらシンジさん。シンジ、こちらは勝負の相手、サエコさん」

ニヤッと笑う。何かたくらんでるらしい。ぼくはあわてて頭をさげた。

「サエコさん、よろしくお願いします。あの、ええと、マコトさん、今日は勝負なの？」

「そうよ。依頼内容はわかってるでしょ。あなたたち二人がプレゼン勝負して、私がいいと思った側をクライアントに提案する」

二人の顔を交互に見上げる。サエコさんが笑顔でうなずいた。

「結構ですよ。よろしくね、シンジさん」

「え、ええと。できるかな。なんだかわからないけど、よろしくお願いします」

立ち話もなんだから、と博士にうながされ、三人が円卓につく。

マコトが改めて今日の主旨を説明した。

「最近知ったんだけど、世の中には『ビブリオバトル』ってのがあるんでしょ。それをやってもらいたいの、私相手に。それぞれが自分の持ってきた『テーマ』を推薦するわけ。それで、さっきも言ったように、勝ったほうを今回の依頼への回答とするわ。楽しませてちょうだいね」

言葉のあとを、手順は私が、と博士がひきとる。

「お二人にはそれぞれ、キリのいいところでお話を区切っていただき、前半後半の二回にわけてプレゼンをお願いいたします。終わりましたら、ふたつの『テーマ』のうち、マコト様がお選びになった案に沿って、後日、私が選書いたします。それをマコト様にチェックしていただいて書棚におさめ、依頼主様にご覧いただくという段取りでございます」

むくむくと疑問が湧いてきた。あれ？　それってつまり……。

「あの、すみません。今日のテーマを二つともマコトさんが気に入らなかったらどうなるんですか」

「決まってるじゃない。やり直しよ」

あっさりと言う。キッパリした老人だ。

「そうなの？　やってきたことが無駄になるかもってことですか？」

「ええ。仕方ないでしょ。でもやる前からつまんない心配してるほうがもっと仕方ない」

「ええと、あとひとつ聞きたいことが。ぼくが持ってきたネタは本だけじゃないんです」

「あら、そうなの。では『ビブリオ（本の）』とは言えないわね。でも、まあいいわ。些細なことよ。かえって何が出てくるか面白そうじゃないの。さあ、さっさと始めてちょうだい。どっちからやるの」

博士が思案顔で口を挟む。

「そうでございますね、シンジ様はこの場が初めてでらっしゃいますから、まずは見学していただくのがよろしいかと」

「わかった。そうしよう。ではサエコ、よろしくね」

マコトはそう言って、椅子に深く座り直した。

うなずいたサエコさんがカバンから本を三冊取り出し、円卓に置く。一冊は文庫本、もう二冊は背表紙のタイトルからすると上下巻のようだ。

小さくひとつ咳払いして、

「では、さっそく」

そんな風にはじまったサエコさんのプレゼンは、キリッ、ピシッ、としたその姿からは想像もできないぶっ飛んだ中身だった。

プレゼン――サエコの①

　このお題をいただいて、悩みました。ずいぶん考えました。難しいですもの、世界征服するって。

　どれほど難しいかといえば、人類史上、誰も成し遂げていないほどのものです。

でも、ふと思いあたったんです。「征服」という言葉をどうとらえるかによって、様子が違ってくるかもしれない、と。

　この言葉には、なんとなく血なまぐさい印象がありますよね。戦争とか殺戮の侵略とか。

そうではなくて、何かが世界中のひとに知れわたるっていう意味なら、歴史上、達成されたことは多くあるんじゃないでしょうか。

たとえば、自動車、テレビやパソコン、携帯電話。世界中どこにでもありますよね。これって、テクノロジーによる世界征服じゃないですか？　だとしたら、とんでもないことだと思うんです。人種も民族も長い間に培ってきた文化や生活様式も無視して、誰もがほぼ同じ道具を使っています。

簡単に「使ってる」なんて言いましたけど、ある機械を使うには、誰かが決めた手順を守らなきゃ役に立たないですよね。スイッチを同じ手順で押さなければ電源は入らないし、右クリックに左クリック、アクセルとブレーキ、日本の東京とエチオピアのアジスアベバとアイスランドのレイキャビクで暮らすひとがまったく同じ動作をする。お互い一生存在も知らずに過ごすのに、です。

こういうのって、最近の現象です。ひょっとすると百年ぐらいかも。自動車は携帯電話に比べれば古いようにも思いますが、それにしたって一九二〇年には二〇二〇年のような状況にはなかった。現生人類があらわれたとされている何百万年前からみたら誤差の範囲です。

身の回りには結構そんなものがある。お手本になる。

結論は、「最新技術が世界を支配する」。

世界征服したいなら、工業技術や、その元となる科学、化学の発明者になる。だからそういう本にターゲットを絞って読むといい、です。

……なのですが。

先生、まだ言わないでくださいね。そうなんです、わかってます。これは回答として当たり前すぎる。面白くない。散々言われてきたとおり、「真面目」です。

このままでは《言霊探偵部》の「テーマ」にしたり、先生と博士で本や資料を探したり揃えたり、依頼主を《図書館塔》へ招き、探索してもらうほどのことはありません。自分で探せます。

図書館でも本屋さんでもインターネットでも簡単にできるでしょう。さらに詳しく知りたければ、世の中にはガイド役にふさわしい専門家がいる。そういった方に教えてもらえばいいのです。

わかってます。私たちの仕事ではないんです。待ってください。

ですから、思いきって考え方をひねくれてみました。こういった結論を導き出すためにわざと回り道をしてみたらいいんじゃないかと。

異星人や謎の文明人、なんてのはいかがでしょうか。

私が子どものころ、一九七〇年から八〇年代にかけて、その手のお話が流行っていました。超常現象や超能力などと一緒に。子どもむけから大人の読み物まで、本はたくさん出ていたし、テレビ番組でも取り上げていました。

先生はご存じのとおり、私、その類が大嫌いでした。ところが、この件でふと思い出したんです。小学校、中学校の同級生の男の子たちが、授業中、教科書に隠してその類の本を読んでいた情景を。

そのうちの誰かに、こんなふうに言われた記憶があります。

「サエコ、知ってるか？　ピラミッドって大昔に宇宙人が作ったんだぜ」

休憩時間中でした。私がいつも本ばかり読んでいたので、得たばかりの知識を披露したかったのかもしれません。彼にしてみれば、教科書に載っていない「真実の歴史」です。真面目を絵に描いたような優等生は知らないだろうと。

私はといえば、うるさいバカ、と思っていました。読書の邪魔をしないでよ、と。どうでもよかった。

ですので、ほとんど内容を聞いてませんでした。

そしてずいぶん時間が経ちました。今になって、あの少年が主張していたのは果たしてなんだったのか、私の調べものはそこからスタートしたんです。
自分なりに組み立てた論理を先に言いますと、
《古代人の力量で、あんな『すごい』ピラミッドを作れるわけがない。辻褄があわないじゃないか。つまりものすごく進んだ科学技術を持っていた誰かのしわざである。それは何者か？　古代の地球人じゃないなら異星人である》
となります。私、乱暴すぎるかしら。でもたぶんそれぐらい明確じゃないと、小学生を惹きつける話題にはならなかったんじゃないかと思うんですね。
若いころだったら下らないと切り捨てたでしょう。異星人のせいにする前にいろいろ考えたり試したりすることがあるはずだ、ってね。
でも、私はもう大人です。娘をひとり育てた経験があって、思うようにはならないことが多いのを知っています。そんなに頑なじゃなくていいんじゃないでしょうか。違う方向から考えてみることも大事なはず。何十年もおぼえているほど印象的だったのは間違いないんですから、むき合ってみようと、異星人に。そう決意しました。あれ、みなさん、なぜ笑われているんですか。私、何か変なこと言ってますか？
だってね、突き詰めれば、根っこにあるのは「高度なテクノロジーを鍵にすれば古代の謎さえ解ける」っていう理屈なんですよ。もう技術万能そのものじゃないですか。逆に言えばそれがなければ異星人のせいにできないってことでもありますけれど。

もうひとつ、最近の中学生ぐらいの若者には、異星人が流行っていないようなので、新鮮に受け取ってくれるかもという目論見があります。みなさん、まだ笑ってるんですね。結構です。続けます。

さて、そこで。

私が見たかぎりでは、この種の「噂」を語る場合にはパターンがあるようなんです。プレゼンの第一部では、その整理をします。

わかりやすい例としてエジプトのピラミッドを取り上げましょう。

まず提示されなければならないのは「古代エジプト人には作れないだろう」と思わせられるほどのピラミッドの「すごさ」。この前提に納得できないと話は進みません。別に不思議はないだろ、と受け取るならもう無理。

ひとくちにピラミッドといっても、古代エジプトでは相当な数が建造されています。異星人にからめてよく話題にのぼるのはギザの三大ピラミッド、とくにクフ王のものです。人類の歴史上、最大の建築物ともいわれる、ピラミッドといえばまず写真で紹介される巨大なあれです。高さは約一四七メートル、底辺が二三〇メートル。建築されたのは紀元前二五〇〇年ぐらい、つまり四千五百年ほど前といわれています。

クフ王のピラミッドのすごさは、いくつかの要素であらわされます。

○「精巧である」
造形が素晴らしいのです。
①四角錐の各面が正確に東西南北をむいている。
②底面を測るとそれぞれの面の長さがほぼ同じである。
③じつは四角錐ではなく八角である。普段はわからないが春分と秋分の日にだけ真実の姿をあらわす。
④内部構造まで精緻。「王の間」「女王の間」の床はぴったり水平である。

○「工事が驚異的」
内部も外部も、全部大きな石の組み合わせでできています。それぞれが数トンから二十トンぐらいまであって、その数約三二〇万個ともいわれる。諸説ありますけどね。そこで不可解とされてきたのは、材料となる石を
①どこかから切り出し、

②運搬し、
③建築現場で高い場所へ持ち上げる

ことをなしとげた技術力です。現代の機械を使っても相当な準備をし、綿密に計画しないとできない工事です。

いいえ、現代ではまず、この規模の建築物を作るのに巨石を積み上げるなどという方法は取らないでしょう。私のような素人だって、鉄筋とコンクリートを組み合わせようと考えます。あるいは、せめてもっと小さく扱いやすい石を積み上げる方法もあったはずです。わざわざ大変なやり方をしたように見える。

いかがでしょう。現代の尺度からすれば、まともな道具がなく、鉄さえ実用化されていなかった大昔に作られた、わけのわからない驚異的な建築物が残っている。

古代人にはできたはずはない。やっぱり何か別の力によるのでは、と思えませんか。

「私はとりあえずここまで。ターンオーバーです。シンジさん、よろしく」

宇宙人、なかなか出てこないな、と思っているうちにサエコさんのプレゼン第一部が終わった。

謎の古代文明か。ぼくらの時代にはなかったかな。流行ったのは「遊戯王」とか、ベイブレードに、ポケモンも。あとはサッカー。

「サエコ、あなたらしくないわね。サブカルチャーっていうの？　いつの間に詳しくなったのかしら」

マコトがからかうように尋ねる。

「詳しくないですよ、先生。今日のために仕入れてきたんです。続きをお楽しみに」

サエコさんは不思議なひとだと思う。真面目なのかなんなのか、よくわからない。

それにしても。

次はぼくの番。

プレゼンなんてさっぱりどうしたらいいかわからない。だけど、完ぺきなんてマコトも期待してないはずだ。ようするに、この間の吉田松陰の時みたいな話でいいんだろう、とここへ来るまでは考えていた。だけど、急にバトルだとか、二回に区切れとか、どんどんハードルをあげられてるような気がする。

プレゼン――シンジの①

ぼくの選んだテーマは、「アレクサンドロス大王」です。大昔の世界征服に挑戦したひとです。

依頼主が中学生ってことなので、アニメを入り口にしてお話しできないかなと考えてみました。

若いひとの間では、ええと、だけじゃないか、とにかく、人気のあるゲーム由来の作品で、「Fate/Zero」がタイトルです。シリーズの中の一作。小説版もあります。それにアレクサンドロス大王が登場人物として出てくる。

ストーリーは、六十年に一度出現する、どんな望みでもかなえるあるものを巡る争いを描く、ようするにファンタジーです。

争うのは現代の人間同士なんですが、実際の戦いは歴史上の英雄や戦士を呼び出して、代理戦争をやらせるんですね。つまりは、将棋やチェスのコマみたいなもんなんだっていうとわかりやすいかな。

で、その戦士たちが、生きていた時代には普通の人間だったんでしょうけど、蘇った現代ではとんでもない強さになってるんです。空を飛んだり、ものすごい力持ちだったり、超能力があったり。

そこは見て楽しめばいいと思います。手に汗握るアクションとか。面白いんで。

ぼくがいいなと思ってるのは、蘇った英雄たちが、なんか爽やかなところなんです。現代人の登場人物が、善人悪人いりみだれてドロドロなのと対照的。

英雄たちは、いってみれば幽霊なので、現代社会のしがらみがないんでしょうね。金儲けしたいとか、出世したいとか、モテたいとか。あ、衣食住は一応するな。だから欲望あるっていえばあるか。

ええと、あ、そうだ。もう一つ欲望あるか。人間の代わりに戦うっていっても、勝ち残れば英雄たちの望みも叶えられるんですよ。死ぬまでにやり残したこととかを実現したいってのが戦うためのモチベーションになってる。

そして、蘇る英雄の一人が「征服王イスカンダル」。別名アレクサンドロス三世で大王なんです。体がでかくてゴリラみたいな顔なんだけど、ネットなんか見ると、ファンにすごく人気があるってわかります。セリフがかっこいいから、みんな自分のサイトで引用してるぐらい。

ほかに登場する英雄は、主人公的な役回りのアーサー王とか、最強のギルガメシュとか。ギルガメシュが紀元前二六〇〇年ごろに活躍して、アーサー王はそもそも伝説なので年代っていってもむずかしいけど、紀元五〇〇年ぐらい。イスカンダルは古代ギリシャでその間に入ってるから、二千八百年間とか隔てたひとたち同士が争ってる設定です。

これ、考えたら、二〇二〇年に生きてるぼくらが紀元前八〇〇年とかのひとと会うのと同じでしょ。そのころ日本は弥生時代なんですよね。江戸とか戦国とか平安とか全部ぶっ飛んじゃって、弥生人と戦うんだって想像すると、めっちゃ面白い。

ええと、それはいいんです。「Fate/Zero」に出てきたイスカンダルの話です。いくつかサイトを見て、ファンに人気がある言葉を拾ってみました。

《「王とはッ――誰よりも鮮烈に生き、諸人を見せる姿を指す言葉！　すべての勇者の羨望を束ね、その道標として立つ者こそが、王。故に――！　王は孤高にあらず。その偉志は、すべての臣民の志の総算たるが故に！」》

あとは、

《無欲な王など飾り物にも劣るわい！》

ぼく自身はこんなのが好き。

《『彼方にこそ栄えあり《ト・フィロティモ》』――届かぬからこそ挑むのだ。覇道を謳い、覇道を示す。この背中を見守る臣下のために》

男らしくて、ビシっとした感じでカッコいい。実際に現代社会でこんなの使う場面ないだろうけど、言ってみたいなって思います。

思うにこういうアニメって、説明が少ないんですよね。キャラのモデルになった「本物の」イスカンダルやアーサー王なんかはネタが山ほどあるだろうに、ほとんど描かれない。まあ、そんなの説明し出したらキリがないのはわかりますけど。で、なんの話してるのか、よくわからないまま見てたりする。もちろんぼくの場合は、です。知ってるひとは知ってるだろうから。

彼らについてぼくが持ってた知識って、なんとなく、なんです。「アレクサンドロス大王の東方遠征」は世界史で習いましたけど、そんなに興味なかったから、どういう人物かとかって知らなかった。

だから、テーマにしようと思いつた時、初めて調べたんです。

基本的なところがわかったら、さっきのセリフも、へえ、あれにはそんな話が裏にあったのかってなった。そんな設定だったんだって。逆に知らないままよく感動とかできてたって話でもあるんですけど。

あと気づいたのは、現実の歴史がわかったら、アニメのキャラの性格が、なんとなく本当にそんなひとだったんじゃんって思えるんですよね。フィクションだから作りものなんですけど、でたらめってわけじゃない気がする。すごくないですか？

ええと、つまり、何が言いたいかっていうと、学校で習うのって一つの見方じゃないですか。で、授業でおぼえこんだ事柄ってあんまりいい印象ない。「面白いもの」の中には入りにくい。なんか、押し付けられた感じで。ところがちょっと方向変えて見てみると、全然違う印象になったりする。ぼくなんか、ちゃんとした本を読むとアニメがもっと面白くなったんだから。

中学生なら、イスカンダル＝アレクサンドロス大王の名前は知ってるでしょう。でも、すごく「魅力的な」世界征服者の話があることはわかってないかも。だから推薦、ってのがぼくのプレゼンの前半です。


サエコさんの真似。

ここまでは前置き。本編に入る前に話をやめてみた。テレビなんかで、散々もたせて煽っておいて、続きはＣＭのあと、みたいな。

「なるほど、わかったわ。シンジも私の予想を裏切るのね。あなたこそ多くの若者に人気があるポップカルチャーで押してくると予想してたのよ。今の感じだと、入り口はアニメでも、この先の話は世界史とかとても真面目な方面へいくんじゃないかしら」

ねえ？　とマコトが顔をむけると、博士はうなずいた。

その博士に促されて、みんなでひと息つく。

柔らかな香りの紅茶。飲むと不思議にリラックスする。上品な模様がついた白いカップはとても薄手だ。

プレゼンは一人十分もかかってなかったんじゃないだろうか。だけど、慣れないぼくはとても疲れてしまった。

一瞬、みんな黙り込んだ。ふっと静かな時間が訪れる。

カチャ。小さな音をさせてティーカップを皿に置き、ふと思い出した、という調子でマコトが切り出した。

「肝心なことを話してなかった気がする。今回の依頼人は女性よ。女の子」

え。ぼくはサエコさんと思わず顔を見合わせた。

「知り合いからの紹介だった。いつものように。生活も勉強も無難にこなしていた子が、急に何もかも放り出しちゃったんだって。不登校になった。何か深い事情があるのかもしれないけど、私は学校がどうのって話はまったくわからないから聞いてないわ。あまり通ってないのよね、学校。そういう方面で面倒みられることはない。わかるでしょ」

サエコさんが苦笑いをうかべた。

「先生に義務教育問題は似合いませんね、確かに」

「でしょ。何か言ったらよけいひどいことになりかねない。まあいいわ。とにかく、その子の親はいろいろなところに相談した。で、そのうちの誰だかが聞き出したのが『世界征服』って言葉。興味があるっていえばそれなんだそうよ。親はさらに困ってしまった。そりゃそうでしょうね。でも逆にそうなると急に私むけの案件になるじゃない」

なんだか得意げな顔になる。サエコさんが言う。

「そうですか。先生、経緯はわかりました。でも、ですね、『世界征服』なんてワンパクなこと言うの、てっきり男の子かと思ってしまったんです。そのつもりで用意したテーマだったんです。女の子なら課題をいただく際に教えていただければ。ねえ、シンジさんもそうでしょ」

マコトとサエコさん、博士がいっせいにぼくを見た。突然のことに動揺する。

「え、ええと。そうですね、ぼくも男子中学生を思い浮かべてました」

マコトが大きくうなずく。

「二人の話を聞いてて、そうじゃないかと思ったの。誤解してるんじゃないかなって。でも、どっちだっていいんじゃない。結局、私たちの役目は変わらないんだし。女子中学生と世界征服の組み合わせだってね」

サエコさんとぼくは、また顔を見合わせた。

エピソード6　小休止

しばらく休憩となった。サエコさんの提案だ。

プレゼンする相手が想定と違うのであれば計画を練り直したいという。仕切り直しのための準備は《図書館塔》の本を使うのだそうだ。

「そうなの。好きにして」

マコトが表情も変えず承諾し、ぼくらプレゼンター二人はエレベーターに乗り込んだ。

もっとも、ぼくの場合は、また建物の中を見てみたかっただけだ。何か本を探して自分の提案を考え直すことは考えていなかった。むしろそんなに突然内容を変えられるものなんだ、とサエコさんの力技に驚いたくらいだった。

ぼくにしたって依頼主が女の子だってわかっていたら、違うネタを仕込んだかもしれない。「Fate/Zero」のイスカンダルに心酔しているのは男ばかりなのだ。でももう遅い。この膨大な量の本の中のどこを探したら、新しいアイディアが見つかるかなんて見当もつかない。

「マコトさんは、いつもあんな感じなんですか」

エレベーターの扉が閉まるとサエコさんに尋ねてみた。

「あんなって、大事な話を言い忘れること？　そうね、よくあるわ。ただ、わざとの場合もあるから、先生は」

「本当のことを隠しておくんですか。それで後になって言うと？」

「そう。どういうわけかね」

「なんでわざとだってわかるんですか。うっかりミスかも」

「ご自分でおっしゃるから。最初は内緒にしてたんだって。うっかりの時もちゃんと申告される」

「ふうん、じゃあ今回も気にしてなかったんですかね」

「たぶんね。どちらにせよ、先生はなさりたいようにする。と同時に、私たちがどう対処するかに注文をつけることもないわ。さっきだって、今日はできないから中止してくださいとお願いしたらそのとおりになったでしょう。私が不本意なのに、無理にプレゼンを続けなさいとはおっしゃらない」

エレベーターを降りたのは五階だった。二人並んで通路を歩く。

「シンジさんもここで『さがしもの』したの」

「ええ。半年ほど前に。吉田松陰について調べました。一晩泊まり込んで」

半年前の経験を手短かに話した。ロールモデル、徹夜、本棚……。

「そうだったの？　たった一晩で？」

サエコさんは立ち止まってまじまじとぼくの顔を見つめた。

「マコトさんが、いったん外へ出たら二度と入れないからって。ぼくは用事があったし、それが限界でした」

「いつもは依頼主がやめるまで何回通っても問題ないわよ」

「ぼくだけ過酷な目にあったってことですか」

「何か先生の気にくわないこと言ったんじゃないの？」

だったのだろうか。おぼえはないけれど。心配になる。

サエコさんが、こちらの心を読んだようにニヤッと笑った。冗談らしい。からかわれたのだろうか。まったく、このひとたちは。

「ここよ。私の目的地は」

急に足を止めた。書名をチラッと見たところによると、科学系の読み物が並んでいるようだ。

ぼくは一言いって、サエコさんをおいて先へと進んだ。邪魔するつもりはない。それに、ぼくにはぼくのたくらみがある。

一階まで歩いてみるのだ。どんな本がこの巨大な本棚に詰め込まれているのか確かめながら。

前回、聞いた話によれば、ここにある本は「依頼主へ提案した『テーマ』の蓄積」だ。だったら並んでいる書名を見ていけば、過去にどんな相談があり《言霊探偵部》がどのような答えを出したかわかるかもしれない。興味があった。

だが。

……そんなことはなかった。なんだかさっぱりわからない。

並びがめちゃくちゃなのだ。たとえば、五階のある場所には「靴」についての本がたくさん集まっている。日本語はじめ、中国語、ハングル、英語、ドイツ語やフランス語らしき文字、よくわからないが、たぶんロシア語も。そして「靴」の本が途切れたところからはじまるのは「深海魚」のコーナー。また各国の言葉が入り乱れる。しかも相当な冊数がある。

どう考えたらいいのだろう。両者につながりがあるのか？

壁一面の本棚がひとつのジャンルだけで埋まるわけではないだろう。ざっと見ただけでたぶん何千冊かにはなる。当然、どこかで区切れて別の本の集まりにはなる。

だから、さまざまに混じっているのは不思議はない。とはいえ、なにも衣料品と魚類を隣に並べなくてもいいはずだ。やっぱり単に整理の都合ではなさそうな気がする。

ここのひとたちは「世界征服したい」って問いに「異星人の本を読め」なんて答えようとするくらいだ。もしかすると、理不尽な問いを発してきた客への突飛な回答のかたまりかもしれない。「靴」と「深海魚」をあわせたものが。

最近はぼくも依頼のことで地元の図書館や大学図書館に何度か行っていて、本の区分けや陳列の仕方を見ていた。満遍なくあらゆる分野が分かりやすく整頓されている。もし公共の図書館が《図書館塔》みたいな本の並べ方をしたらどうか。相当に不便だろう。

そういえば、ぼくが使った吉田松陰の棚はどうなってたんだっけ、と思い出してみる。

まわりに高杉晋作とか坂本龍馬とか、幕末ものでよく出てくる名前を見かけたかというと、そうでもなかった気がする。

少なくとも日本史、世界史の参考文献はまったく違う場所にあった。タブレットで探して行ったんだから。やっぱり分野で整理するつもりはないんだろう。

と偉そうなことを言っても、じゃあ地元の図書館で、探している本の隣がどうなってたかおぼえているわけではないけれど。

さらに訳のわからない並びが続いた。

眺めながら、ふと別のことにも気づく。天井付近の本はどうやって取るのだろう。一番上の棚はぼくが手を伸ばしてやっと届くかどうか。マコトはあの身長だから無理だ。博士の長身なら問題ないかもしれないが、それにしたってずっと上をむいて本を整理するのはなかなか大変だろう。脚立か何か使うのか？　けれど、あたりを見回してもそれらしきものはなかった。

疑問を抱えつつ円卓のある一階まで戻る。マコトと博士が静かに紅茶を飲んでいる。サエコさんはまだ探索中なのだろう、姿が見えなかった。

どちらに向けてでもなく、二人の真ん中あたりの空間へ、先ほどの疑問を投げてみる。

マコトが解説してくれた。

まとめるとこうだ。

依頼への回答は「かたまり」として残してある。そして「かたまり」ごとの順番はといえば、なんのことはない、マコトが思いつくままに置かれているそうだ。

「世の中ってそうでしょ。電車みたいなものじゃない。靴作りの職人さんの隣に座ったのがたまたま深海探索艇の乗組員だったってこともあり得るわけだから」

またまた謎の発言。そんな、電車に乗り合わせた客同士なんて本当の偶然と比べられても、全然違うんじゃないかと思う。自分で考えて並べているんだから、何かの理由があったはずなのに。

棚の本は常に変化している。終了した案件でもマコトが何か思いつけば、依頼に関係なく新たな「かたまり」が追加されていく。

「本の整理はすべてマコト様がされているのですよ」

博士が補足する。

《図書館塔》の本棚は、二十数万冊は収容できる能力がある。単行本や小さな文庫本、大型の本によって差は出るだろうが、だいたいそのあたり。現在、ざっと見渡しても大きく空いている部分はないが、実際にはあちこちに本の入っていない隙間があり、総合するとまだ二万冊は足せる、たぶん、とのこと。

新しい依頼があり本を並べるためにまとまった場所が必要になると、マコトがあちこちの棚をやりくりして、どっかりした空きを作るのだそうだ。

「ここにある本を全部読んでるわけではないのよ。私は九十歳過ぎだけど、あと倍生きたってそんなの無理。ざっと目を通す程度。そして、並びに何か意図があるのかって聞かれても困る。でも、そうね『かたまり』の移動先は本自身が決めてる気がするわね。声が聞こえてわかるのよ、なんとなく。あるべき場所が」

高い棚の本はどう取るかも聞いてみると、

「簡単よ。床が動くの。スイッチで」

なのだという。

もともと《図書館塔》は巨大な四つの本棚だけでできていた。通路はなくて吊り下げたゴンドラで上下移動をしていたのは前に聞いたが、可動式の床を四面×八階分、合計で三十二枚取り付けたらしい。

サエコさんが再登場したのは、一時間ほどしてから。成果があったのかと聞くマコトに、

「そうですね、あんまり。でも、あまり変える必要ない気がしてきました。先生のおっしゃるとおり」

と答える。

そして、プレゼン勝負の後半がはじまった。

プレゼン——サエコの②

さっき書棚を見てまわりましたが、中学生の女の子むけにプレゼンをプラスできるようなヒントはありませんでした。私の感覚からすると、謎の古代文明は男性むけの話題ですから。

ただし、ワクワクするような「刺激的なストーリー」って、女性は大好きだし、むしろ今の時代、気になった何かの情報を収集したり、出かけていって体験するのは女性のほうが積極的なんじゃないでしょうか。そういう意味では、こういうものを投げかけてみるのも悪くないかもしれない、と思えてきました。

今日は、本を二冊持ってきました。まず、デニケンが書いた『未来の記憶』。一九六八年にドイツ語で出版され、翌年英語版が出て世界的ベストセラーとなりました。もう一冊はハンコックの『神々の指紋』。一九九五年に出版され大ヒット。日本でも一大ブームを巻き起こしました。

内容の方向はほぼ同じです。先ほど例にあげたクフ王のピラミッドのような「謎の」遺跡を世界中からピックアップして、それらの背後に、ある「謎の集団」が関わったのだとするんです。

なぜそんなことが言えてしまうのでしょうか。

それは、現代のテクノロジーを物差しにして考えると、これらの遺跡を「大昔のひとには作れそうにない」からですね。

人類の文明って、直線的に一方通行で進化してきたはずなので、現代の技術でギリギリできるかどうかの建築が何千年も前にできてしまったらおかしいんです。だったら、できるテクノロジーを持った「別の誰か」がやったに違いないというわけです。

そして、「謎の集団」は姿を消しました。今いないですから。

ただヒントは残されているのだそうです。たいへんに高度なので当時の「並の古代人」には理解不能だが、数千年後の我々ならば読み解ける暗号です。

この二冊における「謎の集団」は違います。古代の地球にいたすごい遺跡を残して消えてしまった誰かのことです。『未来の記憶』では遠い星からやってきた異星人。これは「古代宇宙飛行士説」などと呼ばれています。『神々の指紋』では正体不明の地球人。普通の人類が石器時代にいるうちに先進的な文明を築きました。こちらはとくに名称がさだまっていないようですが、「謎の超古代文明人説」でよさそうです。

一冊ずつ簡単に見ていきましょう。

まず『未来の記憶』から。

著者は、数千年か、ひょっとするともっと前の地球は、地球人ではない何者かに支配されていたことを主張するためにこの本を書きました。

執筆当時の一九六〇年代に古代遺跡を旅して、異星人が関与したらしき「すごい痕跡」を見て歩きます。建造物だけではなく、変わった絵が描かれた壁画なども含んでいます。二足歩行だけれど、とても人類の姿には見えない何かとか。

さらに、各国の遺跡から発掘された不思議なものの情報を列挙していきます。バグダッドの博物館に所蔵されている古代の乾電池とか。各地に残された正確な天文観測の痕跡などは、望遠鏡も観測機器も正確な時計すら持たない古代地球人には計測不可能だったはず、と書いています。

さまざまな文献を取り上げての考察にも力を入れています。紙の上に書かれた文章だけではありません。シュメールの粘土板に楔形文字で書かれた文章、古代エジプトで刻まれたヒエログリフ、さらに古代ギリシャ、旧約聖書、新約聖書、マヤ文明の暦、世界各地の神話や伝承などなどを含みます。

例えば、ある神話で「神」が空を飛ぶ描写があり、それは加速度「G」を想起させるというんです。Gは現実の物理現象です。現代人の我々は知っていますよね。ところが、古代地球人はF1カーも飛行機も持っていなかったので、Gを体験できたはずがない。もし知っていたのだとすれば、異星人が持ち込んだ機械に乗ったからだ、と推測していきます。

つまり。

神話に出てきて荒唐無稽な活躍をする「神」とはたいてい異星人なんです。長い間フィクションと思われてきた神話の多くのエピソードはすべて事実。なにしろ遠くの星から宇宙船に乗って地球に飛来したわけですから、どんな奇跡でも実行可能です。

似たような「空飛ぶ神」のエピソードが世界各地に残されていることについて、こんなことを書いています。

《マハーバーラタの、聖書の、ギルガメッシュ叙事詩の記者やエスキモー、インディアン、北欧族、チベットその他の伝承が、空飛ぶ〈神々〉とふしぎな天の車とそれに結びつくおそろしい惨事を偶然に意味もなく報じているのだとは考えられない。不可能である。いかなるファンタジーもこのようにして世界じゅうにひろまるものではない。ほとんど一様と言ってもよいこれらの話は、事実に、すなわち先史時代の事件に発しているにちがいないのだ》

なかなか刺激的な語り口ですよね。

著者は、こうやってあちこちで当時の考古学をチクチクと攻撃します。

英訳本が出版された一九六九年といえば、アメリカとソ連の宇宙開発競争がピークをむかえ、人類初の月面着陸が成功した年です。科学の発展が新しい世界を生み出していると高揚したひとは多かったでしょう。逆に、その勢いに乗らない旧態依然のままの考古学は刷新されなければならない、そんな前のめりの気分が著者の記述にあらわれているように思えます。

「古代宇宙飛行士説」は、七〇年代を通じて大ブームになったことで、フォロワーがたくさん生まれました。現在でも流れをくむ記者や文筆家は活躍しています。私が子どものころの日本の学校にさえ届いたぐらいですから、英語圏のひとびとへの影響は大きかっただろうと想像できます。

さて。本の後半は古代遺跡や遺物の検証と異星人を結びつける検証は少なくなり、地球人が宇宙進出する意義と、現代におけるＵＦＯの実在などが語られていきます。

ただ、古いので仕方ありませんが、正直言って、こんなことを書いたら現在は問題になるだろう、という部分はあちこちに見られます。科学技術を万能視するため、機関銃や、はては核爆弾までも素晴らしい成果物に分類してしまっています。

でも、もしかしたら、暴走するのは著者自身の性格でもあったのかもしれません。

なにしろ彼の情熱は型破りでした。

金持ちでも学者でもない勤め人の著者が、世界各地へ取材へ行く費用をどうやって捻出したかというと、それは「横領」だったんです。

本書が出てから詐欺で有罪になり、収監されて四人として数年を過ごしました。賠償金は世界中でベストセラーになって儲けた中から支払ったとか。次の作品を書いたのは刑務所内でした。

本を書くために犯罪をおかすなどというひとはあまりいないのではないでしょうか。面白い、いいえ、とんでもないですよね。

そして、『未来の記憶』は、多くの批判にさらされました。取り上げたトピックはすでにその界隈では有名だったものであり、「古代宇宙飛行士説」そのものが数年先行した他人の本を下敷きにしている、つまり、パクリを集めて焼き直し、さも自説のように発表した、とかね。

実際、「ちゃんとした」本であれば、参考にした図書のリストを巻末につけるものですが、それは見当たりません。

では、この本がほかのものよりウケた理由はなんだったのか。タイミング、なのだそうです。

私自身が思うのは、いくつかのマイナス点を除くと、やはりエンターテインミントな読み物としての面白さでしょうか。語り口に惹き寄せられてしまいます。スケールの大きさもいい。世界中の巨石文明が空飛ぶ円盤を操る異星人によって数千年前、数万年前に築かれていた夢のような話を熱心に綴りますから。数十年ぶりに同級生の男子の気持ちがわかってきました。

中学生にこの本だけを積極的におすすめはしません。真に受けられたら困ります。読むなら、反論の本と、「ちゃんとした」古代史の本も一緒に吸収してほしい。

もし、ただ「古代宇宙飛行士説」について知りたいなら、もっと最近に書かれた注意深い現代的な書籍があるし、わかりやすさならアメリカの放送局が作ったテレビシリーズがよくできていますので、そちらを見れば「古代に異星人が地球を支配していた様子」が理解しやすいでしょう。それはもうスターウォーズを観るようなものです。

ただ、この本でしか味わえないものがあるとも感じるんですね。それは、さっきもふれた、あの時代特有の熱っぽさです。現在形で急速に発展する科学とテクノロジーという尺度を使って、人類どころか地球の歴史の通説まで書き換えてしまおうとする。なかなか得がたいんじゃないかと思います。最近は本やそれ以外のメディアも冷静で、偏らないように作られていて「毒」が足りなくなっているから、そう感じるのかもしれません。

もう一冊の『神々の指紋』は、日本だけでも発行部数が三百万部を超えたといわれるベストセラーです。

この本のヒットも刊行のタイミングが良かったから、だそうです。

さきほどの『未来の記憶』は、ベトナム戦争にキューバ危機といった東西の衝突、中東でも紛争が絶えないという厳しい世界情勢の中にありながら、それでも宇宙開発やらの前進するパワーがある時代のものです。

こちらの『神々の指紋』が世に出たのは一九九五年、二十世紀の終わりが見えてきて、終末感が漂う世の中でした。

オカルトな話題では、大流行した「ノストラダムスの予言」の地球滅亡が近づいていました。一九九九年に恐怖の大魔王がやってきて地球は滅ぶはずでした。私の友人に本気で信じていた女性がいましたし、天変地異ではなく、二〇〇〇年になった瞬間、コンピュータが暴走して大混乱が起きる、といった都市伝説が流布されていたものでした。シンジさんは生まれたばかりだったのかしら、そんなの知らないわよね。

この本の最終的なメッセージも、一万数千年前に発せられた予言が終末の到来を警告している、だから備えよ、との暗い内容です。とはいえ、ノストラダムスの一九九九年ではなく二〇一二年、マヤ文明の暦によれば、なのですが。

じつは、『未来の記憶』と『神々の指紋』で使用されているトピックの多くが重複しています。クフ王のピラミッドをはじめとする古代エジプト文明、南米ではインカ、マヤ、イースター島のモアイ像のほか、記録に残っていない古代文明。文献では、中世に発見された謎の世界地図、シュメール、古代エジプト、新旧聖書などです。

『神々の指紋』のほうだけで重視している事柄もあります。

それは、先史時代に起きたとされる天変地異、大洪水です。

最も近い時期の氷河時代の終わりに、地球の大半を覆っていた氷が急激に溶けました。すると星全体が大量の水に溢れますので、あちこちで水位があがり比較的低い陸地を海の底に沈め、残った大地も洪水が襲います。

『神々の指紋』にいわく、これを境に、巨石文化をのこした「偉大な」文明が消滅したんだそうです。ところが、その時期が問題で、洪水は一万二千年以上前に起こったんだと。

『未来の記憶』で異星人が建設に関与したのではないかとされていたクフ王のピラミッドは『神々の指紋』でも同じ理由、つまり卓越した技術ゆえに古代エジプト人以外が作ったとしています。

でも、それが洪水前とすると、エジプト文明発生より九千年古いことになります。

ナイル川周辺に旧石器時代の人類が暮らしはじめたのが五千年前ぐらいとされているの

で、文明より原始生活を送るひとびとは、自分たちが生まれるずっと前から存在するピラミッドを見ながら生涯を過ごしていたはず。

証拠があるそうです。世界各地に残る似たような洪水の伝説。あれは記録も残らないほど遠い昔から口伝えに語られた真実の物語なんです。代表的なのが聖書の「ノアの方舟」です。

さて、偉大な文明を築いた彼らはどこへ行ったか？　おそらく洪水で滅んだのではない。それなら骨などの証拠が出るでしょう。行方はわかりません。忽然と姿を消してしまいました。

では、どこから来たのか。『神々の指紋』はそれを推測しています。『未来の記憶』でも出てきた昔の中東で製作された世界地図をヒントにして。答えは読んでのお楽しみです。

『神々の指紋』は、遠い昔、たいへん優れた技術と知識を持つ人類による文明が世界を支配していた、というストーリーです。一般人類が、「原始的な」生活をしているころに彼らだけは現代の基準からしても高度な天文学や数学を使いこなし、巨大な石を使って建築をやり遂げた。原始的だったひとびとは、数千年も進んでいる彼らをうっすらと記憶していて「神々」として伝えているんです。

この二冊のようなジャンルは、「擬似歴史」と呼ばれています。世界のどこであれ、記録が残っていない大昔の遺跡には解けない謎がありますが、その答えを突飛な発想で出してしまうんですね。本の中で論証はあります。推理に一応の筋が通っていて、なんとなく説得力がある。

『神々の指紋』にも反論や批判はもちろんあります。ベストセラーとして有名になった途端、たくさん出版されました。いくつか目を通しましたが、当時の考古学、歴史で判明している定説をもとにした、ある意味真面目なものです。

でも、反論は元の本ほどベストセラーにはなりませんでした。つまり、膨大な数の読者は、古代の偉大な文明を作ったのが謎の文明人なのである、と「衝撃の歴史の真実」を知らされたままになっているんです。では誰もがその類の本に書かれたことを信じているのかといえば、たぶん違うでしょうけれど。エンタメだと了解しているから。

私は両方とも楽しく読書しました。古代遺跡を巡る旅は興味深いし、語られる「真実の歴史」のスケールが大きくて突拍子もないほど、「今度はそうきたか！」と思える。それらに対する反論本での検証も「なるほど」と納得しました。

王道の考古学の本は、もっと地味です。同じ謎、たとえばクフ王のピラミッドについて語るにしても、決して大げさな結論にならない。謎は謎として「わからない」ままにしています。根拠があり、多くの専門家により問題ないと認められた論文を参考にして、無理のない仮説が提示される。その積み重ねは別の意味でとても刺激的です。

間違いなさそうな真剣な研究と、小学生も理解できるビックリ歴史。

面白さだけ求めるなら、後者になってしまうのもわかります。専門家には申し訳ないですが、そもそも数万年から数千年前の古代がどうであっても、たいていの現代人にはなんの影響もないだろう、と感じてしまうんです。たとえ異星人が私たちの先祖だったんだという話だとしてもです。

とはいっても、繰り返しますが、《図書館塔》で若いひとに擬似歴史本を提供するなら、それらに対する批判の本とセットで、そして同じ素材を扱っている学問の専門家の著述も並べておくのがいいと思います。

そろそろまとめに入ります。

世界征服するならテクノロジー以外にないって私はさっき言いました。

そこは間違いないでしょう。常識的。でも、もう一つ付け加えたい。

それは、メッセージです。

古代文明について考えていて、私すごく不思議な気分になってきました。

私が生半可に理解した限り、考古学ではいくつかの「謎の」古代遺跡のすごさが、支配者による同時代人へ力を誇示するためだったと推測しているようです。そして同じものを「宇宙飛行士説」は同胞の異星人に、「超文明人説」では我々のような未来人にむけて何かを伝達していると考えている。

たぶん、また乱暴な感想なんでしょうけど、私にはどれもメッセージなんだなあって思えるんです。卓越したテクノロジーと一体化しているのは。下手をすると、どちらもお互いがなくてはならない関係になっているんじゃないかって。

何かを示し、形として残すためには技術が不可欠だし、逆に技術は、伝達する内容がなければ使われないわけだから存在の証明ができない。やってみせないと、できるかできないかわかってもらえないですからね。そしてメッセージの読み解き方次第で「謎」に対する答え方が変わってくる。反対の側からのアプローチもあり得ますよね。

これって現代人に理解しやすいイメージだと思われませんか。

私、実は、現代の「世界征服的な」技術も同じなんじゃないか、メッセージ付きなんじゃないかなと疑っています。パソコンもスマホも、自動車も洋服も、全部。それぞれの言わんとするところは違うにしても、流行ってしまう理由は、優れた技術だけじゃないんじゃないでしょうか。

普通にこれらの本を読んでそんなことは考えないでしょうけど、「世界征服」ってキーワードをいただいていたので、私自身、意外な方向へ思考がむいたようです。

プレゼン――シンジの②

前回、吉田松陰でやったのと同じような考え方でアレクサンドロス大王について調べてみました。図書館とか行って。

大王個人の研究、主人公にした小説、世界史の中の重要人物としてと、いろんな本が出版されているんですね。日本でこんなに大人気だなんて初めて知りました。

ところが、アレクサンドロス大王個人を専門領域にしている日本人研究者はすごく少ないんだそうです。読んだ本に書いてありました。そこが、同じように人気があっても、たくさん研究者がいるヨーロッパと違うところです。

アレクサンドロスは、父が暗殺されて王になります。紀元前三三六年、二十歳。「東方遠征」に出発したのが二年後の二十二歳。十年後、三十二歳で死にました。

世界史で習ったおぼえはあるけど、英雄とか大王なんていわれてるひとがそれだけしか生きて活躍しなかったって実感なかった。めっちゃ短いじゃないですか。しかもこの間、ほとんど外国への侵略戦争をやっていたってのが驚きです。

ぼく、吉田松陰とちょっと似てるなって思うんです、このひとの生き様が。アレクサンドロス大王は、ギリシャの片田舎のマケドニア出身。で、なんだかわかんないけどインドにむかってガンガン突き進んで、死んだのは故郷じゃなくてペルシャのバビロンでしょ。ただ侵略しただけならそこの国がすぐ元にもどっても良さそうなものだけど、後継者が各地を治めて、ローマっていう、より強力な国に支配されるまでの三百年間、東方遠征の影響はつづいた。種をまいたってことですよね。

吉田松陰も日本の田舎の長州藩出身です。アレクサンドロス大王と違って生きている間に成果を出すことはなかったけど、過激で恐れ知らずの前むきな考え方が弟子たちに影響をあたえて、明治維新につながった。やっぱり種をまいてる。

全然違うって言われてもいいです。ぼくはそんな風に思ったってだけ。

それで、アレクサンドロス大王の研究ってややこしいらしいんです。紀元前四世紀の人物にしては多くの記録が残っているけれど、全面的に信じられるものがない。

研究者が調べなければならない伝記は五人の著者による五つがあるんだそうです。でも、問題がある。

一つは、書かれたのが大王死後少なくとも三百年は経ったローマ時代だったこと。どうやって書いたかというと、何百年か前の大王と同時代人の残した文書を参照してまとめたんです。現代でも信憑性の高い本にするのはなかなか難しそうですよね。

それぞれの伝記の傾向が違うのも困りものです。作者の興味によって取り上げるネタが偏ってるから。

どんな学問でもそうだけど、現在は研究をもとにした文章なら「～からの引用」と出典を明記しますよね。ところが当時のローマにはその習慣がなかった。

という事情なので、五つの大王伝記の内容を検証するのはすごく面倒です。書かれていることが何かの文献の引用なのか、当時伝わっていた伝聞の類か、それとも作者の創作かがわからない。偏った書き方の伝記、たとえば大王をやたら持ち上げていたりすると各々の事実も信用できないかも、ってなりますが、じゃあ冷静で一見公平に思えるものなら全部本当かっていうとそうでもないらしい。

ローマの著述家が使った一次資料も全面的には信用できません。大王と同時代人であればあるほど、個人的な思惑が入り込んでいるかもしれない。親しければ大げさに盛って褒めて、敵対していればあることないこと書いて貶めようとする。書いてあることに矛盾がないか、複数の資料を突き合わせます。

手順としては、伝記のある部分の元ネタを突き止め、それが正しいかあらゆる手段を使って確かめる、になります。怪しそうだなと思えば、下手すると一文一文とか、ひとつの数字ごとに本当かどうか考えなくちゃいけない。

何冊か本を読んで、ぼくが興味持ったことを言いますね。

大王が天敵のダレイオス三世率いるペルシャ軍と戦うために故郷マケドニアを出発した時の兵力は三万七千人、先発していた部隊や兵士以外のひとたちをすべて合わせた一行の総勢が六万七千人ぐらいだったとのことです。

ペルシャ軍は強大でした。マケドニア軍が最終的な勝利をおさめたガウガメラの会戦の際のペルシャ側の兵力は、記録によって差がありすぎて特定できませんが、二十万人から百数十万人。とにかく大王軍より相当多かったのは間違いない。

なのに大王軍が勝ったのは、ダレイオス王側の作戦失敗が要因だったらしい。アレクサンドロスとしては運が良かったんでしょう。いくらマケドニア軍が強くたって数十倍の軍勢に勝つなんてね。

歴史ってそんなものでしょうか。ダレイオス三世の判断ミスがなければ、大王軍が壊滅して、その後の三百年間は違ってたかもしれないし、ローマ帝国へとつながるヨーロッパの歴史はどうなっていたのかと考えると不思議な気がします。関係ないですけど、「歴史にＩＦはない」と言いますが、あれってなんだろう、別にいいじゃないですか想像したって。本当に歴史が変わるわけじゃないんだし。

で、ええと。研究者の森谷公俊が書いた『アレクサンドロス大王「世界征服者」の虚像と実像』には、アレクサンドロスとダレイオスの人間像の違いが描かれていて面白かったです。

ダレイオス三世は、東征してきたマケドニア軍を二度迎え撃ち、二度とも負け、自分は逃亡したんですよね。戦場にとどまらずに。ギリシャ側の記録によると、その行動は「臆病な性格」のせいだとされてきたらしいですが、二十世紀後半になって、違うんじゃないか、と言われはじめた。

ダレイオスはペルシャ王として国を守らなければならない。だから、負けた戦闘の場にいつまでも残って死んでしまうと巻き返しができません。そのままマケドニアに支配されてしまったら責任放棄になるじゃないかと。

事実、一度めのイッソスの会戦で負けて逃走しましたが、万全の態勢を整え、今度こそアレクサンドロス大王を追い払うべくガウガメラの会戦に臨みます。また負けて逃げるけれど、軍団を立て直して、マケドニアからペルシャを取り戻すべく、三度目の戦いを画策していたんです。

かたや大王はどうだったか。ぼくなりの言い方しちゃうとキレやすい若者っていう面があったようです。すぐに前線に出て戦いたがる。大ケガまでした。

《これに比べれば、つねに最前線で戦うアレクサンドロスこそ指揮官として無責任であると言わねばならない。事実グラスニコスでは間一髪のところで戦死を免れた。アレクサンドロス自身が戦死すれば遠征そのものが崩壊してしまったろう》

ペルシャと戦ったのは、アレクサンドロス大王が二十三歳から二十五歳、吉田松陰が黒船で密出国しようと無茶したのが二十四歳ですから同じぐらいですね、対するペルシャ王は五十歳手前だったらしいので、冷静さの差があったんでしょう。

立場も違います。世界征服しようと先へ進むことしか頭にない側と、勢いのある若きマケドニア王に攻め込まれ守らなければならない側ですから。

アレクサンドロスは三十二歳で死ぬとは思っていなかったので、世界征服への次の計画があったんですよね。海へ出てアラビア半島をぐるっと回って、その次は地中海へ行こうとしてた。

大王がなんでそこまで突き進もうと思ったか。理由はハッキリしません。生存中にインタビューでも残してればよかったんですけど、そうはいかない。

従来の見方では、野蛮なオリエント文明を平定することで、土地の文化も尊重しつつギリシャ風の教化をおこない、東西融合の世界を築こうとした、とされていました。

一方、『アレクサンドロス大王「世界征服者」の虚像と実像』等によれば、そんな現代的な博愛精神は持ってなかっただろう、と。

そうではなくて、貪欲な名誉欲とか競争心に突き動かされていたんでは、というんです。偉大な父親を追い越そうとしたし、エジプト遠征もトロイ遠征も、インドに到達したあとも、ギリシャの先生から学んだ伝説の英雄や神々の足跡をたどり、それを超えようって衝動だったのだろうと。

紀元前四世紀の世界、キリスト教もできる前ですから、ひとびとがどんな会話をして何を信じてたかなんてぼくには想像もできませんが、なんとなく後者のほうが納得はできる気がします。

単純ですよね、目標が。ついていく何万人もの戦士たちにとっても、わかりやすいのがいいと思う。

アジアへ行ってみたいだろ！　おー！　着いたら褒美やるぞ！　おー！　みたいな。難しい理屈はない。それで最後には、いい加減にしろもう俺たちは行かない！　と反抗されてしまった。そこも簡単で「らしくて」いい。

世界征服なんてメチャクチャじゃないと出来ないんじゃないかな。矛盾だらけだし、面倒くさいし。ちょっとでも細かいこと考えたらきっとダメ。単純で簡単な欲望に従って目標をたてて、あとは進むだけ。アレクサンドロス大王の物語からはそんなスカッとした印象を受けました。アニメ『Fate/Zero』で描かれているのは、さっき引用したように、突き進むアレクサンドロス像なんです。だから結構深いですよね。

中学生の女子がどう思うかはわかりませんが。


「なかなかよかったわよ。二人とも」

そう言って、マコトは拍手をした。

「サエコらしからぬ、無理あるけど工夫のあとの見られるテーマ設定から、若いひとに何かを伝えたい気持ちは伝わったし、シンジは自分自身の向学心が見てとれた。よく考えて選ぶことにする」

「ええと、じゃあこれで終わりですか」

ぼくが尋ねる。

「そうね。正確に言うと、これからはじめるところ。依頼主がね」

マコトはまっすぐにこちらを見て答えた。

from KASSORO

イスカンダルは強い。

強いリーダーだ。

その〝強さ〟は前進する力って意味。みんなを前進させてしまう力って意味でもある。よくわからない理由しか持たないのに、どんどん遠くへ遠くへと突き進んでしまった。

こんな世の中、ぐずぐずしていてはいけない。

誰でもそんなことはわかっている。

とくに若い連中は、現状で満足していたら、将来自分がどう埋もれていくか心の底で気付いているはずだ。

だったら、さっさと出発すればいいだけの話じゃないか。

なのに、オレらはどんどん小さくなっていく足場からはみ出さないように足を踏みかえ、逃げ場のない今日と明日をなんとかやり過ごすだけで生気を使い切ってしまう。

止まるにせよ、追い立てられるにせよ、理由がわからないうちは、君の人生は一秒もはじまっていない。

見る。読む。聞く。触れる。話す。考える。

すべてを使って、そして、決める。

決められた奴は、自分のリーダーになれる。自分自身になる。

自分で自分を動かさなければならない。

地元がダメならほかへ、この国が狭ければどこかよその国へ。

簡単な話だ。今よりうまくいくかもしれない、いいことがあるかもしれない方向へ、彼方を目指す。

Chapter III

源元《みなもと》

——能わざるに非ざるなり、為さざるなり

エピソード8　閑話

「おつかれさま」

そう言ってマコトが自室へ引きあげていった。

プレゼン対決は終わりらしい。博士によれば、二人のうちどちらが勝利したか、つまりどちらのテーマを選んだかは発表しないそうだ。そういう、いわゆる「勝負」ではないらしい。マコトはただああいうかたちをとってみたかっただけなのだ。

ぼくは訳がわからなかったが、そんな話を聞いてもサエコさんは「先生のことだから」と、平気な顔でうなずいている。

今後の展開はこうなるという。
○しばらくすると（数日か、数週間か）、マコトが「テーマに沿った本をピックアップするための要件」を完成させる。

◯博士が要件を解読する。具体的な書名ではなく、しばしば難解な「選ばれるべき本のイメージ」のみが書かれており、そのままでは作業に入れないから。

◯選書を開始。要件にぴったりと合うもの、若干ズレてるかもしれないもの、すべてピックアップして、リストを作り、マコトに内容を説明。

◯マコトが添削したリストどおりに本を購入し、揃える。たいていの場合、絶版になっているものも含まれるので、この段階で結構時間を取られる。


どんなテーマが選ばれても、マコトの練りあげてくる要件は、最初わかりにくくても適格だそうだ。マコトがイメージした本がちゃんと書かれて出版されている。インターネットを使わず、外出して調べもしないのに、予言するように言い当てる。


その会話のあと。サエコさんがぼくを屋上に誘った。

「《言霊探偵部》について話したいの。博士に聞いたのだけれど、シンジさんはこれをほとんど知らされていないらしいから。つまり、私が先輩部員として新人に説明会を開くってとこかしら」

異存はない。

説明というやつもそうだが、ビルの屋上に出られるなんて思っていなかったのだ。興味がある。

三人でエレベーターに乗り、最上階へ。

もちろんそこにも特別なものはない。相変わらず本、本、本。本だらけだ。

博士がポケットからリモコンを取り出し、ボタンを押す。天井の一角にぱかっと穴があき、そこから階段が音もなく降りてきた。

もう一度リモコンを上にむけ操作すると、階段の先に夜空へむかう出口が現れた。

うながされ、ぼくが先頭で階段をあがる。

外へ出ると、ふわっと風が吹きつけ、まわりに夜景が広がった。

屋上を見回す。建物の縁に安全柵はない。太腿あたりの高さの金属棒が四面を囲んで設置されているだけだ。ビビりながら、ギリギリまで行って下を見てみる。遠く小さく、街灯に照らされた道路が見えた。

真ん中に丸い天窓があった。掃除がいきとどいているのだろう、はめ込まれた透明なガラスは外気にさらされているのに雨の跡がなく、埃で汚れてもいない。

覗き込むと、階下の様子がよく見えた。大量の本があり、遥か下に小さな小さな円卓がある。

「いいでしょ、ここ。私は《図書館塔》へ呼ばれるたびにしばらく過ごさせてもらうの」

サエコさんが風にあおられる髪を押さえて言った。

「ぼくは地元をこんなふうに見下ろすの初めてです」

「シンジさんはこの街で育ったのね。お家はどのへんなの」

「ええと、たぶんあのあたりかな」

自宅があると思われる方向を指差した。

昼間ならもっとわかりやすいのだろう。この暗さでは、なんとなく、だ。

「あの、手すり、ちょっと怖くないですか。低くて体がはみ出しそう。マコトさんむけに作られてるからなんでしょうか」

「先生専用よね。建物を設計する時、どうしても屋上に出られるようにしたいっておっしゃったのよ」

マコトが小さな手で手すりをにぎり、たたずむ姿を思い浮かべた。

もし外から見ているひとがいたらどう思うだろう。すこし離れた場所には《図書館塔》と同じぐらいの高さのオフィスビルや、さらに背の高いマンションもある。

窓のないビルのてっぺんに一人きり立つ少女。しかも、何年経っても、彼女の姿は変わらない。

博士が椅子を三脚持って屋上に現れた。

「どうぞ、お使いください」

並べて置く。サエコさんが右端、真ん中がぼく、左に博士が座った。座った時の視線は立っているマコトより低いぐらいだろうか。

椅子は金属のパイプと布張りのクッションでできていた。柔らかすぎず硬すぎず。《図書館塔》の椅子はどれも心地いい。

サエコさんが何も言い出さないので、三人はしばらく黙って夜の街を見た。

信号が青、黄、赤に光る。規則正しく縦横に動く自動車のヘッドライト。大小さまざまのビルと数限りない住宅の窓の灯りがランダムに広がって、まるで光の絨毯だ。

そのむこうにギュッと光がまとまった箇所がある。横浜だ。意外と近くに感じる。

「私は、《言霊探偵部》をある種の塾と考えているの」

ぼくに顔をむけ、サエコさんが口を開いた。

「塾ですか」

「学習塾ではないけれどね。依頼主の求めに合いそうなテーマを考えることで、私たちこそ得るものがある。普通に生活してたら、さっきのような頭の使い方しないでしょ。『世界征服』なんて私のボキャブラリーにない言葉だわ。毎日、どうやって自分の会社を維持していくか、将来発展させていくか考えるだけで精いっぱい。だからこそ、それだけ考えてちゃいけないんだと思う」

「頭がカタくなる、とかってことですか」

「似ているけど、違うかな。難しいわね、説明するのは。メインの生活じゃない何か。パブリックでもプライベートでもない。私はそれを必要としているの」

サエコさんが言葉を途切らせた。

ぼくはまた夜の街に目をやる。みなとみらいの大観覧車が見えないだろうか。それと桜木町。横浜スタジアムはどっちなのか。

「ドッグフードだけで栄養は充分足りているのに、キャベツやキュウリなんかの野菜を欲しがる犬っているでしょ。ほかの部員は知らないけど、私自身はあれに近いんじゃないかって思う」

「犬？　キャベツ？　ええと。なんとなく。わかるような、わからないような」

「そうよね。たとえが下手だって昔からよく言われるわ。とにかく、私はそうなんだってことよ」

笑った。とても真面目だが、時々脱線するひとなのだ。

気になっていたことを聞いてみる。

「あの、サエコさんはマコトさんを『先生』と呼んでいますよね、あれは」

「ずっとなのよね、もう三十年以上になるわ。初めてお目にかかった時からだから。先生は先生。それ以外に呼びようがない」

博士が口を開いた。

「左様でらっしゃいましたよね。サエコ様はまだ中学校に通ってらして」

「中学一年でした。よくおぼえています。先生はまだ本郷のお屋敷にいらっしゃった。会社から身をひかれるしばらく前だったのよ」

最後の一言はぼくにむかってだった。三十年。ぼくが生まれる前の話だ。十三歳のサエコさんはやっぱりマコトに何か救いを求めたのだろうか。

「では順をおってお話ししましょうか」

それは、以前マコトから聞いた話の続きだった。

昔話――マコトとサエコ

私の父は一九八〇年代に会社を経営していて、そこそこうまくいってたんだけど、バブル崩壊前に破産したの。いわば時代の先取り。笑いごとじゃなかったんだけどね、当時の私たちにすれば。

あの時代は、最近のひとが持っているイメージと違って、誰も彼もが大儲けしていたわけではなかった。うまい話は実際にごろごろあったけれど、それだけになんにでも飛びつく傾向があって、騙されるひともいた。うちの父みたいにね。

結局、会社は人手にわたり、自分は多額の借金を負った。家族の生活はどんどん変化していったわ。何度も引っ越した。東京、埼玉、千葉、神奈川と。そのたびに転校。中学に入るあたりからずっとそんな状態が続いたの。

つまり先生に初めてお目にかかったのは、困窮の入り口あたりだったわけね。

まあまあ成功しかけたといっても、うちの父は先生のご実家と直接お付き合いするほどではなかったわ。なにしろ、日本で有数のご一家でしょ。表立つ活動はそれほどないから名前を知るひとは多くないけれど。

つまり、普通のことではなかったのよね、私が先生と出会えたのは。

あとで聞いたところよると、父の知り合いのそのまた知り合いである政治家が先生のところへ通っているうちに、たまたま私の話が出たらしいの。

私は、自慢のひとり娘だった。塾に通わなくても成績は優秀、何年か先の学年の勉強をしているような子どもよ。十三歳の中学一年なら、高校一年のレベルだった。

さっきのプレゼンでお話ししたように、本はたくさん読んでいた。うまくいっていた時分は、望んだものをどんどん買ってもらったわ。専用の本棚があったんだけど、買い足してもすぐに溢れてしまうので、とうとう私の本のためだけの小部屋を作ったくらい。

父の破産で家を引き払うことになって、すべてが変わった。引っ越し先の家には入らないから、ほとんどの本は置いていかざるを得なかったの。

寂しかった。よくおぼえてる。おおげさにいうと自分の体の一部を失ったような感覚だった。私にとって、本はそれぐらい大切だったの。でも資金繰りに必死な両親の様子を目の当たりにしていたから、贅沢が言えないのは子どもも心にわかっていた。

もう新しい本を買う余裕はなかった。学校の図書室や地元の図書館に通ったわ。でもね、図書館には私の読みたい本ばかりが並んでいるわけじゃないでしょ、当たり前だけど。それがとても理不尽に感じられて、さらに落ち込んでいった。

そこでさっきの話にもどると、先生は、その政治家から、すごく本好きの子どもが本を失ったことで元気をなくしていると聞いて、興味を持ったそうなの。会いたいって。

父に連れられて本郷のお屋敷へ初めてうかがった日のことはよくおぼえている。驚いたわ、これが誰かのお家なんだろうかって。お寺か美術館か。みたいな。

敷地がとにかく広い。建物も大きくて。先生は本宅とは別のご自分だけの棟に住まわれてたんだけど、門からそこへ行くには大きな池にかかった橋を渡らなきゃいけないのよ。

「ふうん、あなたなの。サエコっていうのね」

先生の最初の言葉。玄関に立った私を上から下までじっくり見てからね。お姿はあのままよ。セーラー服も同じ、つまり小さな女の子。

通された客間は素敵だった。昭和の文豪の家ってこんなのだろうなって思った。

そこで先生は私の話を聞いてくれた。本をたくさん持っていたこと、ほとんどなくしてしまったこと。

先生は、私の気持ちがわかるっておっしゃった。子ども時代には、戦争の影響で各地を転々として、手に入れた本を手放さなきゃならないことがあったからって。

でも今は違うんだとも。

「私が本を集めるのは、自分のものにして閉じこめるためじゃない。知恵や知識のもとを貯めているの。本は、読んで誰かが理解した時に初めて意味がある。どんなに姿かたちが美しい楽器でも、演奏されなければ『楽器』ではないのと同じ。どうやって何を奏でるかは、ひとそれぞれでしょ」

それから、書庫を見せていただいた。

二棟あって、景観に配慮するためにぱっと見には平屋建てなんだけれど、じつは地下一階地上一階のツーフロアというつくりになっていた。室内には書棚がずらっと七列ならんで、壁一面も書棚。壮観だったわ。羨ましくて、ため息が出た。

そこで先生が時間は気にしなくていいから、書棚を全部見ていきなさい、読みたい本があれば読んでいいし、欲しければ持って帰りなさいとおっしゃったの。で、私はそのとおりにした。ワクワクしながらね。

隅から隅まで眺めた。でも、見学は三十分もかからなかったわ。一冊も手に取らなかった。

手を伸ばすことができなかったのね。だって、そこにあった本は、経済、政治、社会情勢の専門書ばかりで、しかも半分以上が外国語だったから。子どもの読める文学どころか、地図や事典の一冊すらないのよ。

本棚がまったく羨ましくなくなった。ここにある全部くれるって言われても断ろうって思った。

そう話したら、先生はお笑いになったわ。

「若いひとむきじゃなくてつまらないのね。じゃあこうしましょう。実験よ。ここの本棚の空いている場所を貸すから、あなたの読みたい本だけで埋めるの。私がお金を出すわ。何冊でもいい」

素敵な申し出だった。私のためだけに本が集めてもらえるなんて。そんな幸運ってあるんだろうかと思ったわ。

父親の顔を見ると複雑な表情でうなずいた。

あとで聞いたら、先生の思いつきにはどんなことでも従えと事前に注意されていたんだって。変なことを言い出すだろうけど逆らうなと。考えてみれば、あの時点で先生はうちの父より年上だったし、すごい有力者だったのよね。

「じゃあさっそく、どんな本を揃えたらいいか二人で相談しましょう。ただし、条件がある。本を選ぶところは全部こちらにまかせて。あなたは一冊も書名をあげちゃだめ。それが私の娯楽になるんだから。で、どんな本棚にする？」

「私が面白いと思う本だけが並んでいるのがいいです」

「えっと、それはどんな本？　ジャンルは？　小説？　ノンフィクションとか？」

「……わかりません」

問いつめられた気がして口ごもってしまったんだけど、でも理想の本棚じゃない？　どんなジャンルだっていい、読んだことがないけど、私好みで面白いってわかってる本しか並んでないのよ。

先生は「ふうん、そうかそうか。なるほど」と言って考え込んでしまった。

その時、博士が口を挟んだの。若かりし日のね。

「マコト様、こうなさってはいかがでしょう。サエコ様に選書のためのディテールを絞りこんでいただくのではなく、逆に大まかなテーマを設定するのです」

博士の提案はこうだった。

先生のところへ来るビジネスマンや政治家は、問題に直面し、解決策を探る人々。だから相談の内容はいつも具体的。

それに対するアドバイスは、ヒアリングして、本棚のどのあたりに集まってる本が役に立つか教えること。すると、相談者が本の中から自分の答えを探す。一度で無理だったら何度も相談するし、何冊でも読む。

ところが今回は、「面白い本が読みたい」なんて抽象的な希望でしょ。本を提供するには違いないけど、まったく別の種類のこと。しかもそれを言ってるのが、ほとんど接したことがない種類の人間、若い女の子だものだから、先生はなおさらどうしていいか見当がつかなくなってしまった。

その解決策として博士が考え出したのが、私にインタビューをして、求めている何かをひとつのキーワードにまとめていくかたちだった。

結局、このアイディアがきっかけになって《言霊探偵部》ができていったの。言ってみれば博士が生みの親なのよ。

さっそくはじまった。といっても先生が私を知るために会話するだけなんだけど。するとまた問題が発生した。私の使う言葉が通じないの。

たとえば、「かわいい」ってあるでしょ。すごく広い意味があるじゃない。当時から女の子たちは今と同じような使い方をしていたけれど、戦前生まれの先生には理解できなかった。「可愛らしい」以上には受け取れなかった。

新聞は全紙読まれていたし、経済や政治をあつかう雑誌も目を通されていた。国内外のたくさんの種類のね。でもテレビもラジオもお持ちでないから、十代や二十代の子どもたちの事情はわからない。

世代間ギャップを乗り越えるのって大変でしょう。私は娘がいて一緒に暮らしているけど、同じレベルで会話しようなんて想像もつかない。

なのに、先生は違った。逆にやる気を出されたの。好奇心なんだと思う。

「謝るわ。簡単に考えすぎていたらしい。初めからやり直しましょう、あなたさえよかったら。まずお友だちになるの。お互いのことを話して。本のことはそれからだから、しばらく時間がかかってしまうけれど」

もちろんOKした。週に一度お宅にうかがうことになったわ。

いろんな話をした。家族や学校のこと、好きな食べもの、好きな歌、テレビ番組、大好きな本のこと。その週にあったこまごました出来事までもね。

先生も話してくださった。生まれ育ちについてや、携わってきたお仕事も。すごく難しい経済の話題なんかは、ついていくため必死に頭を働かせたものだった。有名な政治家や経営者についての噂話は面白くてよくおぼえてる。

楽しかった。先生は私が知っていた誰とも違っていたから。

ご自分の分野での圧倒的な知識や経験と、逆にまったくの世間知らずが同居していた。だって、一度も買い物をしたことがないのよ。六十歳を超えていたのに。最後に列車に乗ったのは蒸気機関車で、電車は知らない。新宿も渋谷も皇居だって見たことなくて、私が教えることは多かった。

初めてお会いしたのが夏休みだった。二学期中の週末はずっと本郷のお宅に通って、冬休みに入ったころ「私の本棚」ができた。

私のためのオーダーメイド。嬉しかったわ。片っ端から読んだ。大晦日と元日以外、新学期がはじまるまで泊まり込んで。

それ以来、先生は何人もの若者に「本棚」を作った。ご自身によると「味をしめた」んですって。

私は、二、三ヶ月に一度ぐらいのペースで呼ばれた。話を聞く相手が女の子だった場合に助手として。いわば通訳ね。

二年近くが過ぎると、私は進路を決めなきゃいけなくなった。さっきも言ったけど、成績優秀なのでその点ではどこでも行きたいところへ行けたのね。ただ、お金がなかった。もう家がどん底になってて、授業料どころか家族の生活費もままならなくなっていた。

中卒で働くしかない。覚悟はできてた。でも大学は諦めてなくて、早くお金を貯めて大検をとって奨学金を得て進学しようと思ってたの。

先生のところへも当分顔を出せないだろうと考えてた。気まぐれな呼び出しに答えられないかもしれない。土日もバイトするつもりだったので。

ご挨拶にうかがって事情を話すと先生の反応は意外なものだった。すごくお怒りになってね。三十年であの一回だけだったわ、あんなこと。なぜそんな遠回りをして時間を無駄にするのか、やりたいことがあるなら、すぐにそれをやらなければならないのにって。まるで私が怠慢だとでも言わんばかり。

腹が立った。そんなの仕方がないじゃない。私だってそうはしたくなかったのにできないんだから。

もう二度と来ませんと言ってお屋敷を飛び出した。悔しかった。仲良くなれたと思っていたのにあんな言い方されるなんて。

それでこの顚末はどうなったか。

翌日の夜、博士が自宅へいらっしゃった。「バイト料を持ってきました」とおっしゃって。私がそれまで先生と会話した分と、この先三年分の前払いだそうなの。すごくたくさんのお金だった。

わけがわからなかったわ。とてもじゃないけど、私の話なんかで見合うような額ではなかった。でも、ありがたくちょうだいして、高校の入学金と授業料全部をまかなった。

先生は、九〇年代半ばあたりに引退された。定年をとっくに過ぎて、もう十分やりきったと判断されたのね。それに相談にくるひとたちも減っていたらしいわ。

やり方が時代にあわなくなっていたらしい。先生の導きは自ら学ぶ姿勢にフィットするもので、直截な答えを与えないでしょ。一問一答ではなく、どういう本を読めばわかるはずって示唆する。忙しいひとびとむけではないんでしょう。

一方で、数年間若いひとたちと対話を続けられ、積極的に情報収集もされて、ずいぶん現代のカルチャーに詳しくなられた。正直、私なんかもともと真面目一辺倒のガリ勉でそっち方面には疎かったから、あっという間についていけなくなったわ。

私が知っている事情はこんなところ。

シンジさん、《図書館塔》についてはご存知なのよね。ご自分の目で確かめているし。

なぜ《言霊探偵部》なんて名前をつけられたかはわからない。長年おつきあいさせていただいてもやっぱり先生はブラックボックスだから。今回の依頼だって本当は……。いえ、なんでもない。私たちは連絡がきたらご意向をうかがってその通り動くだけ。

私としては、自分が何歳になっても先生と生徒のつもりだから《部活》なんて意外だった。でも、真意はうかがっていないけれど、本郷でされていたコンサルタント的な役割がまさに「塾」的なかたちだったと思うのね。そうではなくて、先生ご自身がプレイヤーになるって意味をこめられたんじゃないかしら。

最後に、シンジさんが先生に選ばれた理由だけど。

不思議に思わなかった？　思わないのね。そうか、そういうところよね。

おわかりでしょうけど、シンジさんは特別なケースでここに加わっているの。あなたからの依頼はなかったし、テーマもこちらから提示していない。いつもの手順ではない。

でも、私は、さっきのプレゼンからなんとなくわかったことがある。たぶん、いつもの一連のやりとりをしなくても、あなたと私たちはともに学びあえると直感されたんじゃないかしら。

先生は昔からよくおっしゃっていた。

やることが目の前にある時、人間には二種類いる。やるべきことじゃなくて、やることよ。行動するひとか、行動しない理由を考えるひとか。シンジさんは前のほうなんじゃないのかな。

from KASSORO

ポケモンの話をよくする。

といっても、有名なあのゲームそのものについてじゃない。

オレたち自身をポケモンになぞって考えると、学べるものがあるってこと。

ゲームボーイのソフトとして最初の「ポケットモンスター」が発売されたのは一九九六年、もう二十年以上前になる。この間、たくさんの子どもたちと、妙に目をキラキラさせた大人たちを楽しませてきた。

ポケモンでいいなと思っているのは「進化」だ。

知らないひとに説明しておく。このゲームでプレイヤーはポケモンの「トレーナー」となる。自分が手に入れたポケモンをほかのポケモンと戦わせながら成長させ、最強の称号を得るため、ともに旅をする。

成長の過程で重要なのが「進化」。訓練の成果が蓄積されて、ある条件を満たすようになれば、突然、姿形と名前が変わって、技もパワーも数段上へと昇華する。

オレらも「進化」して飛躍できるチャンスは常にある。

でも、なかなか気づけない。

まわりが「そんなにデキるんだったら、上のステージに挑戦すればいいのに」と思っているのに、自覚がない。

あるいは、なんとなくわかっていても尻込みする。ずっと同じ自分のままでいようとする。本当はもう違うのに。

こんなの続けていくのは無駄だ。損をしてしまう。自分も、まわりのひとたちも。

もういい。躊躇するのは諦めよう。変わってしまおう。

Chapter IV
飛 翔

——人に交はる事は有の儘なる事を貴ぶ

エピソード9　対称する影

午後六時。博士と一緒に待ち合わせ場所へ。

京成線新三河島駅。住所でいうと、荒川区西日暮里。地元神奈川から博士が運転するクルマに乗って一時間半かかった。

駅近くには、韓国語や中国語の看板がたくさん並んでいる。メニュー写真の焼肉がうまそうで急に腹がへった。

指定されたのは昭和風情の喫茶店だった。テーブルが十卓ほど。それぞれにくたびれた赤茶色のソファが四つずつ。奥には古いゲーム機が置いてある。ホコリとタバコの煙が混ざったような、ゆるく甘い空気が漂っている。

こういう「ザ・喫茶店」に入ったのは初めてだ。興味深い。横浜でバイトをしているカフェはスタバやエクセルシオール系のツルッとした先端の感じではないけれど、こぢんまりとしてオシャレな店なのだ。

ぼくらが入っていった時、先客は三組いた。

スーツを着たおじさんが新聞を読み、地元風のおばさん二人組は家族や知り合いのプライバシー情報を声高にマシンガントーク中。もう一人はタバコを吸いながらノートパソコンで作業するＯＬらしき若い女性だ。

出されたブレンドコーヒーはうまかった。刺激が少なくホッとする味だ。ぼくはコーヒーだけにはうるさい。


依頼主はチャンさん。若い男性の外国人留学生、ベトナム出身。

チェックの半袖シャツにＧパン。短く刈り込んだ髪に浅黒い肌。痩せて、手足が長い。

日本へ来て二年になるという。

「勉強したかったんです。コンピュータのエンジニアになる。でも、もう帰ります」

大きな目が寂しそうだった。

父親の病気を皮切りに、故郷の家族がいくつも困った事態に陥ってしまったのだ。彼は長男として、責任を感じていた。

日本で彼が置かれた現状も厳しい。留学のためにした借金を返済し、生活費を稼ぐ目的で低賃金長時間の過酷なバイトをかけもちする。しかし、あまり多くのバイトを入れるとビザを取り消されると留学生の間では噂されているので気が休まらない。睡眠時間を削ってする勉強もはかどっていない。

それやこれやで、思いきってベトナムへ帰ることにした。そして、いつかどこかでもう一度出直す。たぶん日本ではないだろうけど、と彼は言った。

「もういいんです。ぼくは若いからまたきっとチャンスがあります」

ただ、せっかく外国へ来たのだから、おみやげになる知識を仕入れて帰りたい。歳をとって孫ができたら、爺ちゃんは昔日本という国へ行ったんだと語り聞かせる時のために。

それがマコトへの相談の主旨だった。

……なるほど。つまり。

今回のぼくらの《部活》は、チャンさんに言霊の餞別を送ることなのだ。

以後、インタビューは続く。スマホに録音した。彼はどういう人間なのか。どんなことに興味があるのか。日本について知っていることは何か。知らないことは何か。

年齢は二十六歳、一九九三年ハノイ生まれハノイ育ち。

父親は地元で商売をしている。小さな会社を持っている。

チャンさんは、子どものころからコンピュータに興味を持って、いつかベトナムでIT企業を立ち上げる夢を見てきた。

住まいは六畳のワンルームマンション。中国人の友だちとシェアしている。二段ベッド。チャンさんが上の段。知り合いの中では贅沢だ。

好きな食べ物はもちろんベトナム料理。日本料理ならラーメン、カレーライス。生魚が苦手で寿司は食べられない。ベトナムの納豆は大好きだが、日本製のは苦手。

日本語は、日常会話なら不自由しない。来日直後は語学学校へ通い、コンビニバイトでも修行した。あまり暇はないが、最近でもテレビや映画などを観て学んでいる。読み書きはベトナム時代から習っており、レベルはそこそこ。書くより読むほうが得意。あまり難しい漢字はちょっと……。

日本のマンガは昔から好きだ。『ドラゴンボール』、『ONEPIECE』、『SLAMDUNK』に『NARUTO』。最近、アニメ映画「君の名は。」を観て感動した。面白かった。

小説はベトナム人ベストセラー作家をたまに読む。ベトナム時代は、日本の市川拓司、村上春樹、アメリカならスティーブン・キングなどを翻訳版で読んだ。小学生のころはホームズものやポワロもの、中国の武侠小説が好きだった。

スポーツならバスケットボール、NBA。レブロン・ジェームズのファン。

音楽はベトナムのヒットチャートをネットでよくチェックしている。あとはアメリカで流行っているものを聴く。ヒップホップ、ロック、クラブミュージック。EXILEやBTSみたいなアジアのダンスミュージックもいい。明るく楽しい気分になる曲が好き。

映画で好きなのはヒーローもの。「アベンジャーズ」とか「スパイダーマン」。アクションものも。トム・クルーズはあの年齢ですごいと思う。見ててスカッとする。

彼女はいる。ベトナム人留学生。アジア人相手のスーパーで働いている。

将来は金持ちになりたい。

インタビューは一時間ほどで終わった。もう何を聞いたらいいか思いつかない。これでいいだろうか。チャンさんに言霊の餞別を送るための素材は揃ったのだろうか。


翌日の午後、《図書館塔》へ行った。

まとめてきたメモを見ながら、マコトに報告する。

とくに印象に残ったのは「元気」「楽しい」というキーワード。今は大変であまりそういう気分ではないけれど、チャンさんはもともと明るい性格だし、まわりにいるひとたちにもそうであってほしいと思っている。

「そう。わかったわ」

話し終えると、マコトはうなずいた。

「決まり。チャンの依頼をまとめると『元気になる言葉と日本みやげ』。二本立てにしてもいいかな」

ホッとした。なんとか役割を果たせたらしい。

「それで、『テーマ』選びなんだけど」

博士とぼくを交互に見る。博士が大きくうなずいた。

「そっちもシンジに担当してもらう。お願いね。いいでしょ？」

よっしゃ。それだ。

当初、ぼくはここで身をひくことになっていたはずだ。いつもであれば、依頼主にインタビューするのはマコトか博士で、「テーマ」作りはほかの「言霊探偵部員」が担当している。だとすれば、今回も誰かがぼくの後をつぐ手順だ。

でも、そんなんじゃ不満だった。

心残りがありすぎる。ぼく自身でチャンさんの言霊探しを手伝いたい。

「いつもどおり、二週間で何か考えて提案してちょうだい」


翌日、さっそく検討に入った。

大学のカフェテリアでスマホを片手に考える。

マコトの指示に従うと、要素は二つだ。
○スポーツ、エンタメなど楽しい元気なもの
○日本での思い出になるもの
チャンさんのあの様子だと、日本語でややこしい議論を展開したり、小難しい漢字の言葉が使ってある本は避けたほうがいい。母国ベトナム語、あるいはチャンさんの人生に今後必要になるかもしれない英語や中国語ならともかく、今後あまり使わなそうな日本語のものはどうなんだって気がする。

とエラそうにいっても、そもそもぼくにはそんな系統のものを軽々しく推薦できる度量はないわけだが。

まあ、いつものパターンの「娯楽方面」から入るしかない。

とりあえず「楽しい、元気」から。いくつか思いついたネタをネットで調べた。

スポーツなら、チャンさんはＮＢＡが好きと言っていた。

彼があげたレブロン・ジェームズといえば、高校の同級生にバスケ好きがいて、ぼくも名前ぐらいは知っていた。雑誌に載った写真も見せてもらったおぼえがある。

しかし、バスケにはあまり興味がなかった。マンガなら『SLAMDUNK』も『黒子のバスケ』も好きだったが、実物となるとそうでもない。『ハイキュー!!』をわくわくしながら読んでもバレーを見ないのと一緒だ。

ずっとサッカー漬けだった。小中高のころはなんといってもクリスチアーノ・ロナウドとリオネル・メッシの黄金時代。あの二人の伝説なら朝まで語り続けられる。

レブロンを改めて検索してみる。ロナウドとメッシに並ぶ世界のトップ・アスリートらしい。プレーも稼いだ金も桁はずれ。YouTubeにあったリングにボールを叩き込む動画を見たら、「なんじゃこりゃ」と呆れるほどの派手な怪物プレー。バスケをしないぼくにもわかった。これガチのやつだ。マンガよりすごい。

愛称は「バスケットボールのキング」。

治安の悪いヤバい地域で、最底辺の貧困家庭に生まれ育ち、名実ともに世界最高の地位にまでのぼり詰めた現代のアメリカン・ドリーム。祖国を制し、世界を制した。三十代半ばで伝説をまだ築き上げ中……。

なんで今までよく知らなかったんだろう、同じ時代に生きてきたのに。こんな話聞かされたら男子は燃えるに決まってる。

Amazonで調べてみると、レブロンの伝記は山のように出版されている。ただし、日本語訳がない。チャンさんは英語ができるので問題ないだろう。さらに見ていくと、NBAのスタープレイヤーは最近の新人からレジェンドまで何人も本を出しているのがわかった。これは「テーマ」の考慮に入れておこう。アメリカのスポーツを描いた英語の本ばかりだが、細かいことはいい。ふさわしいかどうかはマコトの判断にゆだねる。

次に、「日本の思い出」について考える。

ぼくが贈るべき「日本的」ってのは「和風」とは違うと思っている。芸者、サムライ、ニンジャ、クールジャパンみたいなものではないのだ。

もっと普段の感覚で、若いチャンさんと同世代の日本の若者のカルチャー。高校生から二十代サラリーマンぐらいの男たちの、ファミレスでの会話のようなもの。どこの国にでもそういうヤツらはいて、自分たちだけにしか通じない共通語を持っているだろう。その日本版。

EXILEはどうか。彼は楽しくて好きだと言っていた。

またネットで調べる。HIRO、ATSUSHI、AKIRA、そして清木場俊介と、メンバーと元メンバーが何人も自伝やエッセイを書いているのがわかった。全部読んでみよう。

図書館と書店を駆使してすべて揃え、三日かからず読み終えた。

通学中の電車、大学の講義と講義の間、バイトの休憩中と、ずっと読んでいた。当然、iPhoneにEXILEの曲を入れてエンドレスで聴きながらだ。

簡単な日本語。読みやすい。そして面白い。今回の目的にぴったりじゃないか？

それぞれが出身地も育った環境も違う。一様に苦労はしているが、体験は全然別物だ。それに一つのグループでありながら、目指すところが微妙にズレているのも興味深い。スターになることを望んでいたまでは同じだが、一度高みに立ったあと、その先が枝分かれしていた。

これは、どうせならまとめて読んでみるといい。ぼくがやったように。「EXILEなんて興味ない」と思うひとは別だが、チャンさんみたいに好きであるなら彼らの背景がわかって面白いはずだ。ここには、間違いなく日本のある時期の若いヤツの人生がある。

《自分なりに精いっぱい考えたときに、自分のやるべきことがわかった。／僕は行動を起こすことにした》

（『愚者の魂』EXILE AKIRA）

《夢とは、砂漠に立てる旗のようなものだと僕は思っている。／旗を立てたときに初めて、何もない砂漠のような人生に目標が生まれる。それが自分の目指すゴールになる》

（『天音。』EXILE ATSUSHI）

《気まぐれとか言われるかもしれないけど。／ひらめきとかあってもいいと思う。／ムチャなことでも実現可能な範囲ならやればいい》

（『IMAGE』清木場俊介）

《チャンスなんてものは、そこら中にビュンビュン飛んでいる。／無限に飛んでいると言ってもいいかもしれない。／ただし、そのビュンビュン飛んでいるチャンスをつかむのは簡単ではない。／簡単ではないけれど、不可能ではない。／そして不可能でさえなければ、どんなことだってやり遂げられると僕は信じている。／なにがなんでも、それを実現したいという強い気持ちがあれば。／方法は必ずある》

（『ビビリ』EXILE HIRO）

読んでいて気づいたことがある。

刺さる言葉はたくさんある。けれど、しっくりこない部分も見え隠れするのだ。

ジェネレーション・ギャップ。彼らはぼくより十歳は上だ。HIROも一冊目の本『Bボーイサラリーマン』でそんなようなことを言っている。

これらの本でみんな言っているように、EXILEになる前、彼らにも憧れる何かがあり、あるいは誰かがいた。だが、下の世代のぼくにはそれはどんなものだったのか、具体的な映像として目に浮かばない。彼らが少年だったころの日本カルチャーを知らない。共有していない。だいたい一九九〇年代のことだろう。

チャンさんにもわからないはずだ。だって、当時生まれていなかったどころか、最近まで日本にいなかったのだから。

でも、それを知っていれば、これらの本を読む時により楽しめるんじゃないだろうか。せっかくなんだから。そんなふうに考えた。

とはいっても、どうしたらそんな知識を仕入れられるか、追体験できるかがわからない。

昔のテレビ番組とかを見るのか？　YouTubeとかで？

数日いろいろ調べてみたが、方法はわからなかった。

ところが、ある時、解決策を意外に身近なところで見つけた。いや、実家のソファーで寝転がってテレビを見ていた。

親父だ。

一九六九年のHIROより五歳下で七四年生まれ。二〇〇〇年には二十八歳だった。生き証人そのものじゃないか。

「九〇年代とかの若者のカルチャーを調べるにはどうしたらいい？」

と尋ねてみる。

すると、ありがたくも長い長いレクチャーが返ってきた。喋り出したら止まらない。親父のこんな生き生きした顔は初めて見たような気がする。Ｇパンはリーバイス５０１！からはじまり、裏原系とストリートファッション、スニーカー。渋谷系に中古レコード、ヒップホップとパンク、かたやビッグビートとブリットポップへ。

なんといっても、一九八〇年代から九〇年代後半まで流行の発信源は雑誌と口コミが中心だった。テレビはダサいし、スマホはまだない。

「Boon」「Smart」「メンズ・ノンノ」。当時の〝田舎のガキ〟は貪るように読みあさっていた。そこに載っているカッコいいTシャツを一枚も買うことはできなかったけれど。

なるほど、雑誌を見るのはいいアイディアかもしれない。

ぼくはあまり読まないけれど、スマホのない時代に大きな影響力があったっていうなら確かめてみよう。

国会図書館でバックナンバーを確かめた。古い資料を探すのは、この方法が一番手っ取り早い。《言霊探偵部》のメンバーになってからおぼえた知恵だ。なんでも揃っている。

結局、全部で五十年ぶんぐらいの雑誌を見た。

面白かった。驚いたことに、と言うと悪いけど、親父の情報は正しかった。スポーツ、エンタメ、ファッション。ぼくの先輩たちの「男子文化」がそこにあった。

今回の「テーマ」はこれでいこう。

ようするに、「ガキどものスターたち」だ。

エピソード10

騒路

ハノイは暑い。ベトナム第二の都市。首都。湿度がまた高かった。

空港へ降りた瞬間、それまで感じたことのないような濃密な空気に包まれる。匂いも肌にあたる風も、空の高さまで何もかも違う。

初めての海外旅行。

神奈川で生まれ育ったぼくが生涯で行ったことのある最南端は、修学旅行の宮崎だ。あと旅といえば、家族での海水浴とスキーか、友だちと一緒に行った大阪ぐらい。そんな不慣れなヤツがいきなりはるか南へ、しかも「出張」で来てしまった。

羽田で博士が見送ってくれたのが三日前。六時間後、何事もなく空の旅が終わり、ベトナムへ着陸した。

空港では佐々木さんという中年男性が迎えてくれた。博士が連絡していたのだ。

クルマでハノイ市街へむかう。

車内で聞いた話によると、ずっと昔、佐々木さんはビジネスの方面でマコトに世話になったのだという。マコトにチャンさんを紹介したのは彼だ。

市の中心に広がるホアンキエム湖を目指した。

そこが目的地だった。


いつもなら、「テーマ」を提案したらそれで終わりなのに、今回は違っていた。

三週間ほどして《図書館塔》に呼ばれ、マコトの言う「緊急事態」を知らされた。

それによれば、チャンさんが日本を引き払って、ベトナムへ帰ってしまったという。父親の具合が悪化したから急遽予定を繰り上げたのだ。

こちらの本棚が用意できたのに連絡がつかなくて、昨日になってハノイから謝罪の電話があった。

「シンジによろしくって言っていたわ」

「ええ、そうなんですか。すると……、どういうことになるんですか。これで終わりにしてしまうの？」

そうではなかった。

マコトが強く宣言した。

「私たちは最後までやる。予定に変更はない。相手がベトナムから動けないなら、こちらから行けばいい。簡単な話よ」

彼女らしい決断だった。

ただ、問題がある。ぼくが呼ばれた理由はそこだ。

「私はね、外国がダメなのよ。この年齢でこの姿形でしょ。面倒臭いことになるのは目に見えている」

それはぼくにも想像できた。マコトは病気なんだからきちんと説明すれば問題はないはず。だけど、パスポートには十歳の写真が貼られることになる。年齢は九十三歳。そんなのイミグレーションなどでことあるごとにモメるのは目に見えている。

「だから、シンジが行って」

青天の霹靂ってやつだった。突然すぎてなんだかわからない。でも行くしかない。

マコトはやりたいようにやる。そう決まっているから。

――そして、大学が夏休みに入った今、ぼくはハノイにいる。

「ホテル・パンセ」のぼくの部屋からは湖が一望できた。

ベッドルームが二つとリビング。書斎にキッチンスペースまで備えた、高級ホテルの高級部屋。まったく至れり尽くせりだ。もちろん旅費滞在費雑費すべてマコトもち。知っているつもりだったけれど、彼女の経済力に改めて驚いてしまう。

考えてみる。ぼくが将来自分で稼ぐようになって、こんなところへ泊まれるようになるには何年かかるのだろう。そもそもそうなれるのだろうか。

書斎には天井まで届く高さの大きな本棚があった。横幅はぼくが両手を広げたくらい。その前に、日本から送った段ボールがどんと積まれていた。全部で三十二箱、中には本がぎっしり詰まっている。博士とぼくで梱包したのだ。無事届いていてよかった。これがないとはるばるやって来た意味がない。

さて……。

ここまでは佐々木さんはじめベトナムのひとたちに全部用意してもらったけれど、最後は再びぼくの仕事だ。

といってもやることはあと二つだけ。

「本を並べて」

「チャンさんに説明をして棚を見てもらう」

ベトナムへ持ち込んだのは、チャンさんとぼくぐらいの世代のヒーローである現代日本のタレント、アーティストの、自伝、伝記の数々。それと、ちょっと昔の雑誌のバックナンバーが二百冊以上ある。ぼくらより年上の彼らがどんな世の中で何から影響を受けていたかが実感できるように。そして、レブロン・ジェームスをはじめとするＮＢＡスターの英語で書かれた本が数十冊。

荷造りしている時に感じたのだが、これを見ると、マコトと博士のコンビがいつもどんな風に本棚を「作って」いるか、なんとなく想像できた。

「テーマ」に沿って徹底した集め方をする。今回だったら、名前は知っているが本を出しているとは思いもしなかったタレントのものが何十冊か入っている。ぼくがやってもこれだけのコレクションには絶対にならないだろう。

予想外の本も含まれていた。

当初ぼくが想定していたのは「男のガキが憧れるアニキ」というヒーロー像だった。それなのに、選ばれた中には、けっこうな数の女性の名前が見えたのだ。宇多田ヒカル、椎名林檎にaiko。指原莉乃の本まである。

どういうことかマコトに聞いてみると、

「若い男性には必ず女性のヒーローがいるものよ、いつの時代もね。そしていろんな形で影響を受けている」

だそうだ。そんなものだろうか。それにしてもこういうひとたちの本をマコトと博士のふたりが検討しつつ揃えたと考えるとなんだか笑える。

ぼくは本棚に並べる順番を書いたメモをマコトから預かっていた。

彼女によれば、ストーリーがあるのだ。棚を作る時はいつもそうしている。書店員が書棚を整備するやり方を参考にしたのだそうだ。それをぼくは間違いなく再現しなければならない。

集中して作業していたら、だんだんおかしくなってきた。

オレ、何やってるんだろう。ここってベトナムだぞ。はるばる海を渡って、本を並べに来ただなんて。

汗で濡れたシャツの背中に、湖をわたる東南アジアの風が吹きつけていた。

旧市街の雑居ビルにチャンさんを訪ねる。

佐々木さんが手配したクルマで雑踏を抜けた。地元のドライバーが運転してくれなければ、とても目的地へたどり着けなかっただろう。なにしろ交通渋滞がすごい。しかもほとんどが二輪車だった。こんなにたくさんの原チャリをいっぺんに見たのは初めてだ。

チャンさんは、こころなしか日本で会った時より顔色がよくなり、少し肉付きがよくなったようだった。

こちらへ帰ってきてからは、父親の仕事を手伝っている。ハノイ市内の電気関係もろもろの工事を請け負っている会社だ。オフィスビルのエアコン修理から、一般家庭のヒューズ取り替えまで、呼ばれればどこへでもでかけて、なんでもやる。

チャンさんは電気工事ができない。経験も資格もないので。

その代わり、依頼を割り振り、経理をはじめとした事務処理をする。社長代理は母親で、面倒な交渉ごとは彼女がやっているが、チャンさんは数字にもコンピュータにも強いのでパートタイムで手伝って、重宝されている。

故郷に帰り父親のそばにいられることでホッとした反面、大きな落胆も抱えてしまった。この先、いつ勉強を再開できるかまったくわからないからだ。

先に連絡してはあったけれど、ぼくの顔を見るとチャンさんはあきれたような表情をした。《言霊探偵部》がここまでするとは思わなかったのだ。まさか、ベトナムまで大量の本を持って追いかけてくるなんて。

彼は連絡しなかったことについて釈明した。

「忘れていたんです、あなたたちのこと。帰らなければならなくなった時。でも、思い出してベトナムから連絡したのは謝るだけのつもりだった。まさかこんな……」

そりゃそうだ。

《言霊探偵部》は、生死に関わるってほどのものじゃない。ここまで真剣だとは、ぼく自身さえわかっていなかった。チャンさんにそう言った。

「ぼくは言われたとおりに来ただけだから、あくまで想像なんですけど」

この旅でずっと考えていたことを話した。

「たぶん、マコトさんは約束を破れないひとなんです。それと、あのひとの人生って、ずっと『学ぶ』以外のことをしてこなかったから、それより大切なものなんてないんでしょう。すべてに優先されると思ってるんです。本を持ってどこかへ行くぐらいなんでもない」

チャンさんはうなずいた。ぼくの言いたいことが伝わったのだろうか。

「そうですか。では、私も学びます。用意はできてますから、出かけましょう」


それから一週間、ぼくらは同じ部屋に寝起きした。ちょっとしたルームシェアのようなものだった。

チャンさんは短い時間仕事に戻ったり、家族と食事したりなどもしたが、大半は書棚の前で過ごした。

真剣だった。「元気になる言葉」という設定がうまくはまったのだろう。

この時期、彼は挫折して「凪」の状態だった。見えなくなった未来のために、考えなければならないことは山ほどあって、時間と場所が必要だった。背中を押してくれる言葉を探していた。

ぼくは、初めのころ、チャンさんの邪魔にならないよう一人で市内の観光地へ出かけていたが、もともと遊びに来たわけでもないから落ち着かず楽しめなかった。部屋へ戻って、映画のビデオを見たり、市内の書店で買った日本語の本を読んだりしていた。

朝と夕方の涼しい風が吹く頃合いに、湖のほとりをぼくらは一緒に散歩した。スコールが去ったあとの夕暮れは素晴らしかった。

いろんなことを語り合った。お互いが生まれ育った国について。家族や友人について。恋人について。将来について。

わかりあえたり、なかったり。まあ、そんなものなんだろう。友人なんて。

ベトナムを離れる前の夜、彼の家へ招かれ、家族とともに食事をした。

その時の彼の母親の言葉、チャンさんが通訳してくれたそれは、ずっと忘れられずに耳の奥に残っている。

「チャンが日本に行って何もかも変えてくれると思っていた。成功してお金持ちになれると。家族も期待していた。でも叶わなかった。私たちは簡単に考えすぎていたのだ。でも、いつかまた、日本にいるあなたに会いに行く。その時、この子は今のままではない。私は信じている」

エピソード11　遠き一歩

帰国したその足でマコトのもとへ。

チャンさんは喜んでくれたと思う。「元気になる言葉」も「日本の思い出」も本棚から汲み取ってくれたはず。そう話した。最後に本をすべて梱包し、こちらへ送り返す手続きも済ませて来た。

「ありがとう。ご苦労さま。これで完了」

マコトがねぎらいの言葉をかけてくれて、ぼくはすこしばかり得意になった。ところで。

ずっと気になっていたことがある。

「なぜ今回は最初からぼくを関わらせたんですか。チャンさんにインタビューするところから。ベトナム行きだって、博士のほうがぼくよりうまくできたかもしれない」

「ロールモデル」

「え？　なに？」

「シンジは吉田松陰をロールモデルにしたいんでしょ。あの最初の日、松陰はたくさんの本を読んで、いろんなひとと会い、話したんだって自分で言ってたじゃない。ならば同じようにしなきゃダメでしょ」

そうだったのか？　全部、ぼく自身の「さがしもの」の続きだったのか。あれから、読んで／話して／考えた何もかもが？

「そうよ。サエコから聞かなかった？　それが《言霊探偵部》。あなただけじゃない。一度探しはじめたら一生終わることはないの。シンジも博士もサエコも、もちろん私も。私が《言霊探偵部》に勧誘するのは、そんなようなひとたちだわ」

息をのんだ。でも、ぼくはあの時、目的を達成したじゃないか。「ロールモデル」として探求する人物を見つけたんだ。

「違う。あなたは、今はまだロールモデルっていう名前の誰かがいると思っているかもしれない。けれど考えてみて。吉田松陰がそんなものを目指していたと思う？　誰かの真似をして足跡を辿るような『志』の生き方を？　そうじゃないんじゃない。だったらまったく『モデル』にしてないってことでしょ」

あれ以来、目につけば吉田松陰についての本をいくつか手にしてきた。以前よりずっと日本史にも詳しくなった。

だが、そうやって松陰の背中が見えてくればくるほど、自分との相違点の多さを思い知らされていく。遠くなっていく。

なんといってもあっちは江戸時代の侍で、こっちは二百年近くあとの大学生だ。全然違う。なんというか、生命のあり方が異なる。ぼくとリオネル・メッシのほうがまだ近いんじゃないかってぐらいのものだ。

どこかに書かれていた一節を読んで「いい言葉だな」と思っても、それが処刑の前日に書いた遺書の抜粋だってことをぼくは知ってしまった。軽々しく共感なんておこがましい。打ち首の何がわかっとんねん！ と自分にツッコミを入れたい。そんなこんなで、「ロールモデル」って本当にこれでいいのだろうか、となんとなく疑いはじめてもいた。

そうか。真似じゃしょうがなかったんだ。

考えをまとめるため、屋上へ出た。低い手すりを握り、夜を見透かしてみる。

サエコさんとチャンさんを思う。

マコトの言うとおりだとすると、みんな二度と止まらない。

夜の街を見渡す。ハノイはどっちだろう。

横浜の反対側が鎌倉や湘南方面だ。そしてその先は太平洋で、さらにずっと行くとオーストラリアあたりか？　ベトナムがあるインドシナ半島は、九州の方向だからもっと右側かな。

友がいるあの場所は遠いのだろうか。

そうは思えない。

世界はぼくらのものだと知ってしまった。

from KASSORO

夢がないひとはいない。

夢、希望、欲望。

オレらは生きているかぎり、どうしても抱かずにはいられない。

ただし、簡単には叶えられない。壊れ、叩き潰され、力尽き、あきらめる。

本当のところ、何もかもうまくいかないことが続いて、メンタルはメチャメチャにやられて、もうどうにでもなれって日々は何度だってやってくる。

苦境を脱しようとあれこれあがいてみる。でも、ダメな時って不思議なぐらいダメだ。

世の中ではよく言われるけど、オレには、そんなものが将来へむけてのステップだなどと思えない。失敗は失敗だし、間違いは間違いだ。ないほうが良いに決まっている。

でも、失敗や間違いは、やってみなければ、そうだってわからないのも事実だ。

イケると思って踏み出して、つまづいて。

あせって駆け出して、すっ転んで。

それでも、性懲りもなくまた立ち上がって足を出してしまう。

違うゴールを目指したら、もっと楽ができるのかもしれない。でもなぜだろう、そんなの夢じゃないと思えてしまう。

今は困難でも、やり方を変えれば、見方によってはうまくいくと思い込んでいる。

やっかいだ。オレらって。すっげえ面倒くさい。

きっと、そんなものだ。

あとがき

ぼくが出版を決めたのは「ノリ」です。決めた時はビジョンやら、戦略はありませんでした。出版というものにご縁をいただいたから。それだけです。

人生は選択・決定の連続です。

ただし、そこに答えはなく、成功も失敗もありません。わかってはいるけど、わかってはいないひとたちがほとんどです。この出版を決めた、自分の選択を正当化する努力をするのみです。

ぼくの選択は、意思決定をした瞬間、正解になります。そのことのみを考えた時には、俗に言う、失敗になるかもしれませんが、大きく「人生」で捉えれば、一〇〇%正解なのです。それは、今この瞬間のように、今までの人生に何一つとして間違いはない、と正解にしてしまうからです。

本の出版でわかりやすく例えれば、ベストセラーになることは成功であり、正解だということは誰にとっても、共通認識であると思います。ただ、僕はそれのみで正解・成功だとは思いません。もしそうなったら大金が入り、仕事にやる気がなくなり、追い込みをかけ切れなくなるかもしれないからです。人生は点ではありません。線でつながっていくのです。

ぼくはこの出版を通して、新たに今の自分のミッションもできました。若者に起業家・経営者をとても身近なものだと捉えてもらい、挑戦の後押しをするということです。

ホリエモン、キングコングの西野亮廣、落合陽一など、若者に人気のある起業家は何人もいますが、彼らが成功したのは天才だからでしょ、とか、あの人たちが特別だから、自分には無理でしょ、と思っている若者は多いはずです。

でも、ぼくを見てください。大学に三年半通い退学。取得単位数はぜんぶでたった二十一単位。自分で言うのもなんですが、ただのバカです。こんなポンコツでも経営者になり、出版もできるのです。こいつでもできるんやったら、俺もできる。と思っていただける方も、いらっしゃるのではないのでしょうか。

若者へ。

とにかくやれ！　グダグダ悩まずに、今選択し意志決定しろ！　悩むのであれば、その選択・決定を正当化するために悩め！　そして目を背けることなく、ひたすら目の前のやれることをやり続けろ！　志とか無理やりつくろうとせんでもいい！　世のため人のためもいらん！　まずは自分のことだけでいい！　突っ走ってたら、人間として大きくなり、内から滲み出てくるから！　志とか、大義のほうから寄ってくるから。

最後にこの場をお借りし、感謝の言葉を綴らせていただきます。

まずは、この本を手に取っていただき、最後まで読んで下さった「あなた」、命と同等に大切な時間を割いていただき、ありがとうございます。

また、日頃、このようなポンコツで未熟者のぼくと接していただいている方々、いつも本当にありがとうございます。少しずつ、しかし確実に、恩返しをさせていただきます。

そしてKASSOROのみんな、いつも本当にありがとう。みんながいなかったら、確実に今の自分は存在してないし、本当に感謝し切れません。これからも共に苦しみ、挑戦し、成長していこう。

最後に、おかん、おとん、産んでくれて、育ててくれてありがとう。クソ息子に、止めることなく、無償の愛を注いでくれて、本当に感謝しています。シャイでまだまだガキなので、日頃きちんと伝えられていませんが、大好きです。これからはオレが背負って、二人には、最高な人生を、全力をもって見せていくので、仲良く長生きしてね。

二〇二〇年一月

杉本悠翔

引用・参考文献

『覚悟の磨き方　超訳　吉田松陰』池田貴将編訳／サンクチュアリ出版
『松風の人　吉田松陰とその門下』津本陽／幻冬舎時代小説文庫
『吉田松陰　留魂録』古川薫訳注／講談社学術文庫
『吉田松陰名言集　思えば得るあり学べば為すあり』八幡和郎監修／宝島SUGOI文庫
『未来の記憶』エーリッヒ・フォン・デニケン、松谷健二訳／角川文庫
『神々の指紋』グラハム・ハンコック、大地舜訳／角川文庫
『「神々の指紋」の超真相』H・ユウム、S・ヨコヤ、K・シミズ／データハウス
『河江肖剰の最新ピラミッド入門』河江肖剰／日経ナショナルジオグラフィック社
『Fate/Zero』虚淵玄／星海社文庫
『アレクサンドロス大王「世界征服者」の虚像と実像』森谷公俊／講談社選書メチエ
『THE FOOL 愚者の魂』EXILE AKIRA／毎日新聞出版
『天音。』EXILE ATSUSHI／幻冬舎
『清木場俊介「IMAGE レコーディング・ドキュメント・ブック」』藤井徹貫文、他／ソニー・マガジンズ
『Bボーイサラリーマン』HIRO／幻冬舎文庫
『ビビリ』EXILE HIRO／幻冬舎文庫

飛ぶチカラ 自由のためのインプット／アウトプット入門

2020年2月13日　初版第1刷発行

著　者　　杉本悠翔
編集・制作　金子哲郎
発行人　　心道仁人
発行所　　敬天舎出版
〒169-0051
東京都新宿区西早稲田2-18-23 スカイエスタ西早稲田2F
電話03（6670）1696
発　売　　サンクチュアリ出版
〒113-0023
東京都文京区向丘2-14-9
電話03（5834）2507　FAX 03（5834）2508

印刷・製本　株式会社シナノパブリッシングプレス

執筆協力　湯江たけし

定価はカバーに表記してあります
ISBN978-4-8014-9152-6 C0030

敬天舎の既刊本

4つの種で仕事と人生はうまくいく。

尾形達也

Tatsuya Ogata

みんな、考えさせられ過ぎ。

会議用の企画が思い浮かばない。
仕事に対するモチベーションがない。
そんなときに役立つのは、
複雑な哲学でも難しい心理学でもなく
シンプルな「考え方の種」。
「逆転」「信頼」「便利」「合体」。
たった1人でたちあげた会社を数年で
年商15億円にまで成長させた著者が
成功に至るアイデアの源泉について、
わかりやすい語り口で解説！

ISBN978-4-8014-9151-9 C0030
定価（本体1400円＋税）